MICHAEL QUANDT | MARKUS BASSLER

DU GRILLST es doch AUCH!

Das BILD-Grillbuch

PIPER

München Berlin Zürich

Jetzt grillt's los!

Noch ein Grillbuch? Ja, noch ein Grillbuch! Aber ein besonderes. Warum? Ganz einfach: Weil es anders ist. Einfach. Ehrlich. Authentisch.

Pfannen, Platten, Pizzasteine, Drehspieße, Förmchen, Tiegel et cetera – all das Zubehör, das die Regale in den Baumärkten und Grillshops füllt und sich in vielen Grillbüchern wiederfindet ... brauchen Sie nicht, wenn Sie mit diesem Buch grillen. Ein Grill mit Deckel, Aluschalen, Schaschlikspieße und ein Fleischthermometer – das war's. Vorkenntnisse oder gar jahrelange Grillerfahrung – nicht nötig! Die Zubereitung jedes Gerichts ist Schritt für Schritt leicht verständlich und übersichtlich erklärt, quasi mit Gelinggarantie.

Das nachgekochte oder nachgegrillte Gericht sieht so ganz anders aus als im Buch? Hier nicht! Wir sind für die Produktion nicht in ein Studio oder eine Profiküche gegangen, sondern haben bei Wind und Wetter im heimischen Garten in Berlin gegrillt. Kein einziges Gericht wurde von einem Foodstylisten mit Farben, Lacken oder Sprays bearbeitet, damit es auf dem Foto appetitlicher aussieht. Es wurde gegrillt, angerichtet, fotografiert – und dann einfach nur genossen.

Wir wünschen Ihnen viel Spaß beim Nachgrillen, guten Appetit und allzeit immer genügend Hitze unterm Rost.

Michael Quandt

Markus Bassler

Inhalt

RICHTIG EINHEIZEN 10
SICHERHEIT 14
GRILLWERKZEUG 18

FLEISCH 20

Von BBQ-Chicken-Drumsticks bis Winzer-Hotdog

RIND 22
SCHWEIN 44
LAMM & KALB 76
GEFLÜGEL 92

FISCH & MEERESFRÜCHTE 108

Von Feuergarnelen bis Teriyaki-Thunfisch

GEMÜSE 130
Von Aubergine bis Zucchini

BEILAGEN 152
Von Chili-Süßkartoffel-Pommes bis Sellerie-Slaw

DESSERTS 172
Von Apfeltaschen bis Schoko-Bananen

DIPS, RUBS & CO. 194

DIE GRILLREINIGUNG 204
REGISTER 206
DANK 212
ÜBER DIE AUTOREN 213

TIPPS

Richtig einheizen

Alle Gerichte in diesem Buch können entweder auf einem Holzkohlegrill oder einem Gasgrill zubereitet werden – allerdings muss der Grill einen Deckel haben. Am Deckel befindet sich in der Regel ein Thermometer, an dem die Temperatur im Innenraum abgelesen werden kann.

DER ANZÜNDKAMIN

Es gibt nichts Besseres und Sichereres als einen Anzündkamin! Die gibt es bereits ab sechs Euro und sie halten bei guter Lagerung ein Leben lang. Die Bedienung ist einfach: Grillrost entfernen, Anzündkamin auf den Grillboden stellen, die untere Kammer mit Zeitungspapier und zwei, drei Anzündhilfen füllen, die obere Kammer mit Briketts oder Holzkohle, anzünden, fertig.

Nach 15 (Holzkohle) bis 20 Minuten (Briketts) ist die Kohle mit einer leichten Ascheschicht überzogen bzw. glüht an den Rändern. Jetzt muss die Kohle nur noch in den Grill umgeschüttet werden. Wichtig: Dabei unbedingt Handschuhe tragen, um sich bei Funkenflug nicht zu verbrennen.

KOHLE ODER BRIKETTS?

Das ist letztendlich wie bei der Frage »Kohle oder Gas?« eine Sache des persönlichen Geschmacks. Briketts geben fast so gut Hitze ab wie reine Holzkohle, ihr Vorteil besteht in der gleichmäßigen Größe und Form (sie sind gepresst), dadurch lassen sie sich einfach im Grill platzieren und man kann ein glattes Glutbett herstellen.

WIE LÄSST SICH DIE TEMPERATUR DER HOLZKOHLE FESTSTELLEN?

Fleisch, Fisch oder Gemüse – je nach Grillgut wird eine andere Temperatur benötigt. Die Temperatur der Holzkohle lässt sich mit der Handprobe ganz einfach feststellen: Dazu die flache Hand ca. 12 Zentimeter über die glühenden Kohlen halten und dabei die Sekunden zählen, bis es so heiß ist, dass man sie wegziehen muss:

1 SEK. = SEHR HEISS (CA. ÜBER 340 °C)

2–3 SEK. = HEISS (CA. 320 °C)

4–5 SEK. = MITTLERE HITZE (CA. 200 °C)

6–7 SEK. = NIEDRIGE BIS MITTLERE HITZE (CA.180–200 °C)

8–10 SEK. = NIEDRIGE HITZE (CA.150–180 °C)

11–15 SEK. = SEHR NIEDRIGE HITZE (CA. 120–150 °C)

DIREKTES GRILLEN?

Beim direkten Grillen wird das Grillgut auf dem Rost direkt über die glühenden Kohlen gelegt und bei 150–300 °C erhitzt. Damit beide Seiten gleichmäßig gar werden, muss das Grillgut nach der Hälfte der Garzeit gewendet werden. Direktes Grillen eignet sich für kleine, dünne und zarte Stücke, die schnell gar werden. Zum Beispiel Hähnchen, Fisch, Meeresfrüchte, Hamburger oder dünne Steaks und Lammkoteletts.

INDIREKTES GRILLEN?

Beim indirekten Grillen wird das Grillgut nicht über der Glut gegart, sondern liegt auf dem Rost über einer Aluschale und neben der Kohle. Bei geschlossenem Deckel wird das Grillgut durch den Rauch und die warme Luft, die von den Seitenwänden zurückgestrahlt wird, gleichmäßig und besonders zart gegart, ähnlich wie im Backofen mit Umluft.

direktes Grillen

indirektes Grillen

WIE LÄSST SICH DIE HITZE REGULIEREN?

Die Hitze verringert sich, wenn man die Kohlen von innen nach außen auseinanderzieht und die Pyramide so quasi begradigt. Die Hitzefläche wird größer, die Temperatur aber geringer. Um die Hitze zu verstärken, schiebt man die Kohle in der Mitte zusammen und legt von außen neue Holzkohle ans Feuer.

WIE WIRD DIE KOHLE ANGEORDNET?

Zum direkten Grillen wird die Kohle im Grill zu einem gleichmäßigen Glutbett verteilt. Für das indirekte Grillen müssen die Kohlen nur in der einen Hälfte des Grills platziert werden, die andere bleibt frei.

Eine weitere Möglichkeit ist, die Kohle wie einen kleinen Berg anzuhäufen: An der Außenwand hoch, zur Grillmitte immer weiter abfallend und die zweite Hälfte zum indirekten Grillen frei lassen.

WICHTIGE TIPPS ZUM THEMA

SICHERHEIT

Auch beim Grillen gilt: safety first! Was Sie bei Kauf und Nutzung eines Grills unbedingt beachten sollten, erklärt Ralf Diekmann, Produktexperte beim TÜV Rheinland.

EXPLOSIONSGEFAHR!

FÜR DEN FALL EINES FETTBRANDES IM GRILL SOLLTE EIN MIT SAND GEFÜLLTER KÜBEL BEREITSTEHEN, UM DEN BRAND IM KEIM ERSTICKEN ZU KÖNNEN. LÖSCHEN SIE EINEN GRILLBRAND NIE MIT WASSER, DIES KANN ZU EINER HOCHEXPLOSIVEN FETT-WASSER-MISCHUNG FÜHREN.

QUALITÄT GEWINNT

Schauen Sie sich den aufgebauten Grill im Geschäft oder Baumarkt genau an. Wackelige Beine, scharfe Kanten am Windblech, loser Griff oder nicht höhenverstellbarer Rost – Finger weg!

GEPRÜFTE SICHERHEIT

Achten Sie beim Kauf eines Grills, egal ob Holzkohle, Gas oder Elektro, auf das GS-Zeichen für geprüfte Sicherheit. Ein Gasgrill sollte zudem noch über das DVGW-Zeichen verfügen. Es wird vom Deutschen Gas- und Wasserverband vergeben und steht für geprüfte Gaskomponenten.

VORSICHT!

NIEMALS BENZIN ODER ANDERE FEUERGEFÄHRLICHE FLÜSSIGKEITEN ZUM ANZÜNDEN DES GRILLS VERWENDEN.

DIE POSITION

Achten Sie darauf, den Grill nicht zu nah an der Hauswand aufzustellen und auch nicht zu nah an Pflanzen und Büschen. Hitze und Rauch lassen sich besser an einem luftigen und dabei windgeschützten Platz kontrollieren.

AUFPASSEN!

DER GRILL MUSS SICHER AUF EINER EBENEN FLÄCHE STEHEN UND DARF NICHT »KIPPELN«. DER GRILLPLATZ SOLLTE AUCH VOM SITZBEREICH IM GARTEN ODER AUF DEM BALKON JEDERZEIT GUT EINSEHBAR SEIN, DAMIT SIE DEN GRILL AUCH DANN FEST IM BLICK HABEN, WENN SIE MIT IHRER FAMILIE ODER IHREN GÄSTEN ZUSAMMENSITZEN.

VORSORGEN

HALTEN SIE IMMER EINE LÖSCHDECKE UND EINEN FEUERLÖSCHER BEREIT – FÜR DEN FALL DER FÄLLE.

NUR IM FREIEN!

NIE in einer Garage und auch nicht unter einem Carport grillen – zu groß ist die Gefahr einer Kohlenmonoxid-Vergiftung.

WAS SIE FÜR EINE GELUNGENE GRILLPARTY BRAUCHEN

Grillwerkzeug

THERMOMETER

Rare, medium oder well done? Wem die »Druckprobe« auf dem Handballen (siehe Seite 29) zur Feststellung des richtigen Gargrades zu unsicher ist, der ist auf ein Fleischthermometer angewiesen, mit dem sich die Kerntemperatur messen lässt. Das Thermometer wird einfach an der dicksten Stelle des Grillguts eingeführt, es darf dabei aber keine Knochen berühren, die sind nämlich wärmeleitend.

GRILLZANGEN

Ja, sie haben richtig gelesen. Mehrzahl. Eine Zange, um das rohe Fleisch auf den Rost zu legen und darauf zu verschieben, mit der zweiten wird das fertig gegarte Grillgut vom Rost genommen und serviert. So wird vermieden, dass Krankheitserreger wie Salmonellen, die beim Grillen durch die hohen Temperaturen abgetötet werden, versehentlich über die Grillzange wieder mit dem gegarten Fleisch in Berührung kommen.

SCHASCHLIKSPIESSE

Schaschlikspieße gibt es aus Metall (immer wieder verwendbar) oder aus Holz. Diese sind günstiger, müssen aber vor Gebrauch mindestens 30 Minuten gewässert werden, damit das Holz über Glut und Hitze nicht verkohlt.

SILIKONPINSEL

Mit einem Silikonpinsel verteilt man Öl, Fett oder Marinaden gleichmäßig auf dem Grillgut. Die Sililkonborsten halten locker bis 300 °C Temperatur aus, lassen sich nach Gebrauch in der Spülmaschine reinigen und sind so sehr hygienisch.

GRILLBÜRSTE

Reinigen Sie den Rost vor und nach dem Grillen. Auf einem gereinigten Rost bleibt das Grillgut nicht haften. Tipp: Die Bürste sollte aus rostfreiem Stahldraht bestehen. Achten Sie auf einen möglichst langen Griff, damit Sie sich beim Reinigen des Rostes nicht über den glühenden Kohlen verbrennen.

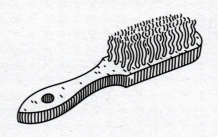

ANZÜNDKAMIN

Das beste, sicherste und zuverlässigste Hilfsmittel zum Anzünden des Grills ist der Anzündkamin. Einfach zerknülltes Zeitungspapier in den Grill legen, den Anzündkamin mit Kohle oder Briketts füllen und darüberstellen. Nach 15–20 Minuten ist die Kohle mit einer weißgrauen Ascheschicht bedeckt, grillfertig durchgeglüht und kann je nach Grillmethode (direkt/indirekt) im Grill verteilt werden.

TIMER

Um Fleisch zum richtigen Zeitpunkt zu wenden oder Grillgut, das lange auf dem Rost bleibt, nicht zu vergessen, ist eine Uhr mit Timerfunktion unerlässlich. Zur Not tut es auch eine Eieruhr.

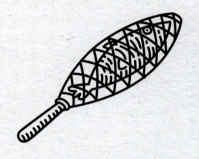

FISCHKORB

Wer sich aus Angst vor dem Festbrennen auf dem Rost nicht traut, einen ganzen Fisch zu grillen – mit dem Fischkorb gelingt es garantiert.

Qualität lohnt sich!
UNSER TIPP: NICHT DIE BILLIGSTE WARE KAUFEN – DANN HABEN SIE IN DER NÄCHSTEN SAISON AUCH NOCH WAS DAVON. UND GUTES GERÄT MACHT AUCH MEHR SPASS!

GRILLWENDER

Besonders Burger und Fisch lassen sich nicht so leicht mit einer Grillzange wenden, mit dem Grillwender geht das ganz einfach. Tipp: Für Fische gibt es extra breite Wender.

RIPPCHENHALTER

Damit lassen sich Spareribs platzsparend zubereiten, Hitze und Rauch können gleichmäßig um das Grillgut zirkulieren.

ALUSCHALEN

Mit Aluschalen fängt man im Grill herabtropfendes Fett auf (beim indirekten Grillen), in ihnen können Räucherchips eingeweicht oder das fertige Grillgut transportiert werden. Aluschalen mit Löchern im Boden eignen sich zum Grillen von kleineren Gemüsestücken.

Fleisch

Steaks, Koteletts oder Würstchen – die Klassiker des Grills bekommen durch Rubs und Marinaden ganz einfach einen überraschenden Geschmackskick. Und Sie erfahren, wie Ihnen auf dem Grill butterzarte Spareribs und Pulled Pork gelingen.

MICHAS TIPPS FÜR DAS GRILLEN VON

Rind

Anders als bei Schwein oder Huhn beeinflussen Rasse, Geschlecht und Alter des Rindes die Qualität des Fleisches. Wenn Sie beim Kauf auf Nummer sicher gehen wollen, lassen Sie sich vom Metzger Ihres Vertrauens beraten.

WENIGER IST MEHR!

Das gilt ganz besonders bei Rind. Ertränken Sie nicht jedes Steak in Gewürzmischungen oder Marinaden, da es so ganz schnell seinen Eigengeschmack verliert. Etwas (gutes) Salz und Pfeffer aus der Mühle sind bei guter Fleischqualität meistens völlig ausreichend.

GENERELL GILT…

… bei Rindfleisch: Es sollte nicht zu mager sein, eine feine Marmorierung haben (also ganz fein mit Fett durchzogen sein) und mindestens zwei Wochen abgehangen sein, um nach dem Grillen besonders zart zu schmecken.

WAS KANN AUF DEN GRILL?

Zum Grillen gut geeignet sind Filet, Porterhouse, Rib-Eye, T-Bone, Hüftsteak, Roastbeef, Entrecote, Hochrippe oder Brustkern. Rindersteaks gleich welcher Art sollten nicht zu dünn geschnitten sein, da sie sonst leicht austrocknen. Und keine Angst vor Knochen oder Fettrand: Beides gibt beim Grillen Geschmack und sollte grundsätzlich erst nach dem Grillen vom Fleisch geschnitten werden.

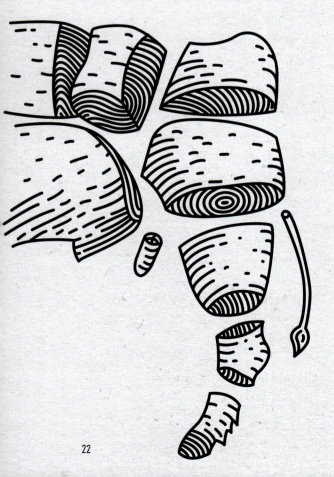

KERNTEMPERATUREN RIND

FLEISCH/SCHNITTSTÜCK	RARE	MEDIUM RARE	MEDIUM	WELL DONE
BEEF BRISKET	k. A.	k. A.	k. A.	85 °C
BURGERPATTY	k. A.	k. A.	70 °C	85 °C
STEAK	48–52 °C	52–54 °C	56–60 °C	60–62 °C
RINDERFILET	38–50 °C	52–54 °C	56–58 °C	k. A.

UND NOCH DREI WICHTIGE TIPPS:

1. KEIN BIER DARÜBERSCHÜTTEN!

Das sieht zwar cool aus, hat aber nur einen Effekt: Viel Asche auf dem Fleisch und die Kohlen sind abgekühlt, dem Grill fehlt es sofort an Hitze. Geschmacklich hat das absolut keine positiven Auswirkungen. Wenn Biergeschmack gewünscht ist, dann sollte das Fleisch vernünftig mariniert werden.

2. NIE! NIE! NIE!

Nie mit einer Gabel in das Fleisch stechen, um es zu wenden! Das Fleisch verliert so seinen Saft und wird zäh wie eine Schuhsohle. Also: Immer eine Grillzange benutzen.

3. RICHTIG SCHNEIDEN!

Fertig gegartes Fleisch immer quer zur Faser aufschneiden – falsch geschnittene Fleischstücke verlieren wertvollen Fleischsaft und sind schwer kaubar.

VORBEREITUNG: 25 MIN. **GRILLZEIT:** 75 MIN. **METHODE:** INDIREKT

BLUMENKOHL-BOMBE

ZUTATEN FÜR 4–6 PERSONEN

1 kleiner Blumenkohl
500 g Rinderhackfleisch
1 Zwiebel
Salz
Pfeffer
20 Scheiben Bacon
300 ml BBQ-Sauce nach Wahl

1. Den Blumenkohl vom überflüssigen Grün befreien und in Salzwasser 10 Minuten kochen. Wasser abschütten und abkühlen lassen.

2. Die Zwiebel schälen, sehr klein würfeln und in einer Pfanne in etwas Öl glasig dünsten. Abkühlen lassen.

3. Das Hackfleisch mit Salz und Pfeffer würzen, Zwiebeln dazugeben und durchmischen.

4. Das gewürzte Hackfleisch gleichmäßig um den Blumenkohl geben und leicht andrücken.

5. Den Bacon gleichmäßig um das Hackfleisch legen, es sollte am Ende komplett bedeckt sein.

6. Die Blumenkohl-Bombe im geschlossenen Grill bei 160 °C indirekter Hitze 75 Minuten grillen.

7. In den letzten 30 Minuten die Blumenkohl-Bombe alle 10 Minuten mit BBQ-Sauce einpinseln.

Statt mit Blumenkohl können Sie auch mit Romanesco die Geschmacks-Bombe zünden!

VORBEREITUNG: 15 MIN.   **GRILLZEIT:** 8–10 MIN.

PARMESAN-BEEF-RÖLLCHEN

ZUTATEN FÜR 6–8 PERSONEN ALS FINGERFOOD

500 g Rinderhackfleisch
200 g frisch geriebener Parmesankäse
1 rote Zwiebel
1/2 Topf frisches Basilikum
1 EL Olivenöl
Pfeffer aus der Mühle
Salz
Holzspieße

1. Die rote Zwiebel schälen, in feine Würfel schneiden und in einer Pfanne mit dem Olivenöl glasig andünsten. Abkühlen lassen.

2. Das Basilikum fein hacken.

3. In einer Schüssel das Rinderhackfleisch mit dem Parmesankäse, den gedünsteten Zwiebeln und dem Basilikum vermischen. Mit Pfeffer und nur ganz wenig Salz würzen, da der Parmesan an sich schon sehr salzig ist.

4. Aus dem Parmesan-Hackfleisch in den Handflächen kleine Rollen formen und auf die Spieße stecken. Evtl. die Enden mit Alufolie umwickeln, damit sie nicht verbrennen.

5. Den Grill für mittlere direkte Hitze (ca. 160 °C) vorbereiten, die Parmesan-Beef-Spieße ca. 4–5 Minuten von jeder Seite grillen und sofort servieren.

VORBEREITUNG: 15 MIN.   **MARINIERZEIT:** 4 STD.   **GRILLZEIT:** 8 MIN.
METHODE: DIREKT

SURF'N'TURF AM SPIESS

ZUTATEN FÜR 4–6 PERSONEN

400 g Rinderfilet
30 Scampi (ohne Kopf und Schale)
300 ml Rapsöl
1 Knoblauchzehe
1 Chilischote
1 Zitrone
2 Zweige Thymian
2 Zweige Rosmarin
6 Holzspieße, gewässert

1. Das Rinderfilet gleichmäßig in ca. 2,5 cm große Würfel schneiden.

2. Die Knoblauchzehe schälen und mit einem großen Messer andrücken, die Chilischote aufschneiden und die Kerne entfernen.

3. Knoblauch und Chilischote zusammen mit Rosmarin und Thymian zum Rapsöl geben.

4. Die Zitrone waschen, gründlich trocknen und die Schale abreiben. Den Abrieb ins Öl geben.

5. Rinderfilet und Scampi in zwei getrennte Behälter geben und beides für vier Stunden in der Marinade einlegen.

6. Rinderfilet und Scampi abwechselnd auf die Spieße stecken, diese bei 180 °C direkter Hitze ca. 8 Minuten grillen, nach vier Minuten wenden.

MICHAS TIPPS FÜR

DAS PERFEKTE RINDERSTEAK VOM GRILL

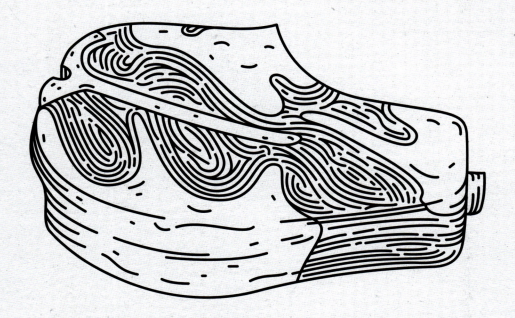

DICK ODER DÜNN?

Ein gutes, saftiges Steak darf nicht zu dünn geschnitten sein, zwei Finger breit sollte es mindestens sein. Unter Grillern ist man sich einig: Jedes Stück Fleisch unter 3 cm Dicke ist Carpaccio.

KLEINES STEAK-EINMALEINS

Gut Steak will Weile haben: Pro Zentimeter Steakdicke fünf Minuten Zubereitungszeit einplanen. Das heißt: Bei 3 cm Steak 15 Minuten, bei 4 cm 20 Minuten, bei 5 usw.

STEP BY STEP

Wichtig!

DAS FLEISCH MINDESTENS 30 MINUTEN VOR DEM GRILLEN AUS DEM KÜHLSCHRANK HOLEN, ES SOLLTE IMMER BEI ZIMMERTEMPERATUR GEGRILLT WERDEN!

1. Nur eine Hälfte des Grills mit Kohle belegen, die andere Hälfte zum indirekten Grillen frei lassen. Bei Gasgrills entsprechend nur die Hälfte der Brenner betreiben.

2. Den Grill auf maximale Temperatur bringen (mindestens 300 °C, besser mehr) und den Rost auf die unterste Stufe stellen. Durch die hohe Temperatur bildet sich auf dem Fleisch schnell eine Kruste und es bleibt saftig.

3. Dann das Fleisch auf den sehr heißen Grillrost legen, es sollte ordentlich zischen.

4. Nach 90 Sekunden das Fleisch mit einer Grillzange um 45 Grad versetzen, um ein schönes Rautenmuster zu bekommen. Wichtig: Immer mit einer Zange wenden, NIE mit einer Gabel. Sonst tritt Fleischsaft aus und das Steak wird trocken.

5. Nach weiteren 90 Sekunden das Steak mit einer Grillzange wenden, dann nach 90 Sekunden wieder um 45 Grad versetzen

6. Nach insgesamt 6 Minuten Grillzeit das Steak auf den Teil des Rosts legen, unter dem keine Kohle ist (indirekte Zone), den Rost auf die höchste Stufe verschieben, einen Rosmarinzweig und wer mag eine angedrückte Knoblauchzehe daraufgeben und bei geschlossenem Deckel ca. 9 Minuten zu Ende grillen.

7. Mit der Druckprobe feststellen, ob das Fleisch medium ist: Dazu Daumen und Zeigefinger der linken Hand zusammenführen und mit dem rechten Zeigefinger auf den Daumenballen drücken. Fühlt sich das genauso an wie die Druckprobe auf dem Fleisch, ist das Steak medium. Mag man sein Steak lieber durch, nimmt man zur Druckprobe den kleinen Finger und den Daumen. Wem das zu unsicher ist, nimmt ein Thermometer.

KERNTEMPERATUREN BEI RINDERSTEAK

A) 52–55 °C:	RARE
B) 55–60 °C:	MEDIUM RARE
C) 60–65 °C:	MEDIUM
D) 66–70 °C:	MEDIUM WELL
E) ÜBER 71 °C:	WELL DONE

8. Zum Abschluss das Steak vom Grill nehmen und mit Fleur de Sel und Pfeffer aus der Mühle würzen.

VORBEREITUNG: 15 MIN. **MARINIERZEIT:** 10 STD. **GRILLZEIT:** 10–12 MIN. **METHODE:** DIREKT

ENTRECOTE *mit*
Malzbier-Kaffee-Marinade

ZUTATEN FÜR 4 PERSONEN

4 Scheiben Entrecote à 200 g

FÜR DIE MARINADE

10 g Kaffeebohnen
25 g brauner Zucker
500 ml Malzbier
30 g Zitronensaft
1 g Chiliflocken
6 g Meersalz
Abrieb einer Bio-Zitrone
Zimt

1. Die Kaffeebohnen in einer Pfanne bei geringer Hitze anrösten und mit dem Zucker karamellisieren lassen.

2. Mit 100 ml Malzbier ablöschen, auf ein Drittel einkochen lassen und zur Seite stellen.

3. Den Zitronensaft, das restliche Malzbier, die Chiliflocken, das Meersalz, den Zimt und den Zitronenabrieb zugeben und durchmischen.

4. Das Fleisch in der Marinade einlegen, abdecken und über Nacht im Kühlschrank ziehen lassen.

5. Vor dem Grillen die Entrecotes aus der Marinade nehmen und trocken tupfen. Restliche Marinade auf ein Drittel einkochen und als Glasur bereitstellen.

6. Die Steaks bei größter Hitze direkt auf beiden Seiten jeweils 2 Minuten angrillen, dann bis Kerntemperatur 56 °C indirekt fertig grillen. Dabei nach 5 Minuten die Steaks mit der restlichen Glasur einpinseln und wenden.

Für alle Marinaden gilt:
mariniert werden sollte
mindestens eine Stunde, am besten
aber über Nacht!

RIND

VORBEREITUNG: 15 MIN. GRILLZEIT: 15 MIN.

BIRNEN-BURGER MIT CAMEMBERT

ZUTATEN FÜR 4 BURGER

400 g Rinderhackfleisch
1 Zwiebel, gewürfelt und angedünstet
2 EL Dijon-Senf
12 Scheiben Camembert
3 Birnen
Pfeffer, Salz
8 Blatt Eisbergsalat
4 Baguettebrötchen
BBQ-Sauce (Rezept Seite 199)

1. Das Hackfleisch mit Pfeffer und Salz würzen. Gedünstete Zwiebel und Senf dazugeben, alles vermischen. Aus der Hackfleischmasse vier gleichmäßig große Patties formen.

2. Den Grill auf 220–240 °C direkte Hitze vorbereiten. Den Rost mit einer Bürste reinigen.

3. Die Patties von jeder Seite ca. 4 Minuten grillen, bis sie sich vom Rost lösen lassen.

4. Die Birnen schälen und in ca. 1 cm dicke Scheiben schneiden. Die Birnenscheiben ebenfalls von beiden Seiten 1–2 Minuten grillen, bis sie ein schönes Muster haben.

5. Auf jeden Patty zwei Scheiben Camembert legen, die Patties auf dem Grill in die indirekte Zone ziehen und dort ca. 5 Minuten ruhen lassen, bis der Camembert zerlaufen ist.

6. In der Zwischenzeit die aufgeschnittenen Baguettebrötchen auf dem Grill von beiden Seiten kurz anrösten.

7. Die Unterseite der Baguettebrötchen mit etwas BBQ-Sauce bestreichen und mit Salatblatt, Birne, Patty und Brötchenoberseite belegen.

VORBEREITUNG: 10 MIN. MARINIERZEIT: 12 STD. GRILLZEIT: 12–15 STD.
METHODE: DIREKT

BEEF BRISKET

ZUTATEN FÜR 4–6 PERSONEN
1 Rinderbrust

FÜR DEN RUB
2 EL Paprikapulver (edelsüß)
2 EL grobes Meersalz2 EL brauner Zucker
2 EL Zwiebelpulver
2 EL Knoblauchgranulat
2 EL Chilipulver
2 TL frisch gemahlener schwarzer Pfeffer
Olivenöl
BBQ-Sauce (Seite 199)

1. Die Rinderbrust waschen und mit Küchenpapier trocknen.

2. Alle Zutaten für den Trocken-Rub in einer Schüssel vermischen.

3. Die Rinderbrust mit Olivenöl einstreichen, dann den Trocken-Rub großzügig einreiben. Alles in Frischhaltefolie wickeln und für mindestens 12 Stunden in den Kühlschrank geben.

4. Die Rinderbrust bei 110 °C in den Smoker setzen, darunter eine Aluschale mit Wasser stellen, damit im Smoker etwas Feuchtigkeit zirkuliert und die Rinderbrust nicht austrocknet. Zusätzlich alle 30 Minuten mit der Marinade bestreichen.

5. Wenn die Rinderbrust eine Kerntemperatur von 94 °C erreicht hat, diese in Alufolie wickeln und noch 30 Minuten ruhen lassen. Faustregel: Pro Kilo Fleisch mit ca. 4 Stunden Zubereitungszeit rechnen.

6. Die Rinderbrust quer zur Faser in dünne Scheiben schneiden und mit etwas BBQ-Sauce servieren.

VORBEREITUNG: 1 STD. GRILLZEIT: 40 MIN. METHODE: INDIREKT

CHILI-CHEESE-BALLS

FÜR 30 STÜCK

750 g Rinderhackfleisch
250 g Schweinehackfleisch
3 TL BBQ-Booster, z.B. von Red Arrow
Salz, Pfeffer
10 Scheiben Chester-Scheibletten
3 Chilischoten und/oder
3 Jalapeños (je nachdem, wie scharf man es mag)
BBQ-Sauce
Frischhaltefolie
1 kleine Vorratsdose

1. Die Chilischoten und/oder Jalapeños in Ringe schneiden.

2. Die Scheibletten in einem Topf schmelzen. Die Chilischoten und/oder Jalapeños in den flüssigen Käse einrühren.

3. Die Vorratsbox mit Frischhaltefolie auslegen und den Käse darin einlaufen lassen. Zum Abkühlen in den Kühlschrank stellen.

4. Wenn der Käse fest geworden ist, den Käse aus der Box nehmen, die Frischhaltefolie abziehen und den Käse in ca. 1 cm große Würfel schneiden.

5. Das Rinder- und Schweinehackfleisch mit dem BBQ-Booster, Pfeffer und Salz würzen und gründlich vermengen.

6. Für jedes Bällchen ca. 40 g gewürztes Hackfleisch nehmen, daraus eine flache Scheibe formen. Darauf den Käsewürfel legen, die Seiten hochklappen und die Chili-Cheese-Balls in den Handinnenflächen zu einer gleichmäßigen Kugel formen. Dabei darauf achten, dass nirgendwo Käse zu sehen ist, sonst läuft der im Grill aus.

7. Den Grill auf ca. 120–140 °C indirekte Hitze vorbereiten und die Chili-Cheese-Balls ca. 45–50 Minuten bei indirekter Hitze grillen.

8. Nach 30 und 40 Minuten die Bällchen mit der BBQ-Sauce gleichmäßig bestreichen.

9. Die Chili-Cheese-Balls vom Grill nehmen und sofort servieren. Dann ist das Fleisch schön saftig und die Käsefüllung cremig.

VORBEREITUNG: 15 MIN.   **GRILLZEIT:** 13 MIN.   **METHODE:** DIREKT

BURGER CALABRESE
mit Gorgonzola

FÜR 4 BURGER

600 g Rinderhackfleisch
8 EL schwarze Oliven, entkernt
1 rote Zwiebel
1 TL Olivenöl
2 scharfe Chilischoten
Salz
Pfeffer aus der Mühle
1 Chili-Ciabatta, in vier gleich große
Stücke geschnitten
4 Scheiben Gorgonzola
1 Tomate
Feldsalat
BBQ-Sauce (Seite 199)

1. Die rote Zwiebel, Oliven und Chilischoten in kleine Würfel schneiden. Alles in einer Pfanne in etwas Olivenöl andünsten und abkühlen lassen.

2. Das Rinderhackfleisch mit Pfeffer und Salz würzen, mit Zwiebeln, Oliven und Chilis mischen und vier gleichmäßig große Patties formen.

3. Den Grill auf 220–240 °C direkte Hitze vorbereiten.

4. Die Patties auf dem Grill von beiden Seiten je 4 Minuten grillen, bis sie sich vom Rost lösen lassen.

5. Auf jeden Patty eine Scheibe Gorgonzola legen, die Patties auf den Bereich mit indirekter Hitze ziehen und 5 Minuten ruhen lassen.

6. In der Zwischenzeit die Ciabatta-Scheiben auf dem Grill von beiden Seiten kurz anrösten.

7. Tomate in Scheiben schneiden, Salat waschen und abtropfen lassen.

8. Tomate und Salat auf eine Ciabatta-Scheibe legen, dazu etwas BBQ-Sauce geben. Patty darauf setzen, Ciabatta-Deckel auflegen und servieren.

Die roten Zwiebeln und die Chilischoten in diesem Patty haben ihre kulinarische Heimat im süditalienischen Kalabrien – daher der Name.

VORBEREITUNG: 30 MIN.   **GRILLZEIT:** 60–75 MIN.   **METHODE:** INDIREKT

BACONBOMB

ZUTATEN FÜR 4–6 PERSONEN

1 kg Rinderhackfleisch
4 EL Barbecue-Gewürz
Salz, Pfeffer
4 Packungen Bacon
1–2 Tüten geriebener Emmentaler
1 Glas Jalapeños (oder sechs bis sieben frische Jalapeños)
BBQ-Sauce zum Lackieren

1. Das Hackfleisch mit BBQ-Gewürz, Salz und Pfeffer vermengen.
2. Aus den Baconscheiben ein Gitter herstellen.
3. Das Hackfleisch auf dem Gitter verteilen, mit BBQ-Sauce bestreichen, Jalapeños und Käse drauf streuen.
4. Das Bacongitter jetzt vorsichtig zusammenrollen.
5. Die Baconbomb bei 120–140 °C indirekter Hitze bis zu einer Kerntemperatur von 75 °C grillen. In der letzten Viertelstunde alle 5 Minuten mit der BBQ-Sauce lackieren.
6. Die Baconbomb in Scheiben schneiden und servieren.

Legen Sie das Bacongitter am besten auf Frischhaltefolie aus, so lässt sich die Baconbomb leichter zusammen rollen.

Dieser Patty schmeckt auch sehr gut zwischen einem Brioche-Brötchen

VORBEREITUNG: 20 MIN. **GRILLZEIT:** 8 MIN. **METHODE:** DIREKT

CAPRESE-BURGER

FÜR 4 BURGER

4 Panini-Brötchen
600 g Rinderhackfleisch
1 rote Zwiebel
Pfeffer aus der Mühle
Salz
1 EL Rapsöl
2 Zucchini
2 Kugeln Mozzarella
1 große Tomate
frisches Basilikum

FÜR DIE MAYONNAISE

1 Ei
1 TL Senf
100 ml Rapsöl
1 cl Zitronensaft
Pfeffer, Salz
4 EL guter Balsamico-Essig

1. Für die Patties die Zwiebeln in einer Pfanne mit Rapsöl glasig dünsten und abkühlen lassen. Die Zwiebeln zu dem Rinderhackfleisch geben, mit Salz und Pfeffer würzen und alles vermischen.

2. Aus der Masse vier gleichmäßig große Patties formen.

3. Für die Balsamico-Mayonnaise Ei, Senf, Zitronensaft, Balsamico-Essig, Salz, Pfeffer und Rapsöl in ein hohes Gefäß geben und mit dem Stabmixer aufmixen.

4. Die Zucchini waschen, mit einem Sparschäler längs in Streifen schneiden und mit etwas Rapsöl bestreichen. Die Tomate in ca. 8 mm breite Scheiben schneiden, ebenso den Mozzarella.

5. Den Grill auf 220–240 ˚C direkte Hitze vorbereiten. Die Patties auf den Rost legen und bei geschlossenem Deckel vier Minuten grillen.

6. Die Patties wenden, wenn sie sich von selbst vom Rost lösen und mit jeweils einer Scheibe Tomate und Mozzarella belegen.

7. Die eingeölten Zucchinischeiben auf die andere Seite des Rosts bei etwas weniger Hitze auflegen, Deckel schließen. Nach einer Minute die Zucchini wenden.

8. Nach einer weiteren Minute die Zucchini vom Rost nehmen, stattdessen die aufgeschnittenen Panini-Brötchen kurz anrösten.

9. Die Panini-Brötchen auf beiden Seiten mit der Balsamico-Mayonnaise bestreichen. Die untere Hälfte mit zwei gegrillten Zucchinischeiben belegen.

10. Jetzt die Tomaten-Mozzarella-Patties auflegen, mit einem Blatt frischem Basilikum belegen und die obere Brötchenhälfte aufsetzen.

MICHAS TIPPS FÜR DAS GRILLEN VON

Schwein

Bei der Zubereitung von Schweinefleisch auf dem Grill ist 65 die alles entscheidende Zahl: Denn bis zur einer Kerntemperatur von 65 °C MÜSSEN Sie jedes Stück Schwein garen. Der Grund: Schweinefleisch kann mit Trichinen befallen sein, beim Verzehr von zu rohem Fleisch können die parasitären Fadenwürmer auf den Menschen übertragen werden. Bei einer Kerntemperatur von 65 °C sterben die Trichinen aber ab und sind nicht mehr gefährlich.

HACK BRAUCHT HITZE

Mehr als 65 °C sollte die Kerntemperatur allerdings auch nicht betragen, da sonst die Gefahr besteht, dass das Fleisch durch zu langes Garen austrocknet. Keine Regel ohne Ausnahme: Die Kerntempearatur für Schweinehackfleisch sollte 75 °C nicht unterschreiten.

SCHNELL GEGRILLT

Zum Grillen bei direkter Hitze besonders gut geeignet sind Nackenkoteletts (durch den hohen Fettgehalt sehr zart), Stielkoteletts, Steaks aus der Schulter oder Lende und natürlich zarte, saftige und kurz gegrillte Filets.

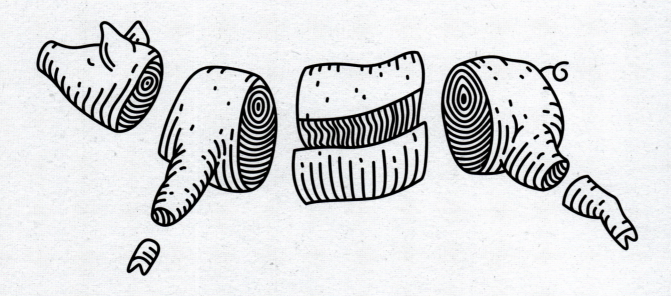

AUF DIE FARBE ACHTEN

Gutes Schweinefleisch erkennen Sie an seiner Farbe. Es ist hellrot bis rosa und hat eine ganz feine Maserung.

LANGSAM & SAFTIG

Für indirekte Hitze eignen sich Spareribs, Baby-Back-Ribs (die sind kürzer und fleischiger), Schweinenacken am Stück, Schweineschulter mit Schwarte (mit und ohne Knochen) und große Stücke wie Lendenbraten.

Kerntemperaturen Schwein

FLEISCH/SCHNITTSTÜCK	MEDIUM	WELL DONE
FILET	58–64 °C	65 °C
SPANFERKEL	65–68 °C	k. A.
SCHWEINEHAXE	k. A.	80–85 °C
PULLED PORK	k. A.	95 °C
BRATEN	k. A.	80–85 °C
RÜCKEN	65–70 °C	75–80 °C
NACKEN	70–75 °C	80–85 °C

ERST NACH DEM GRILLEN WÜRZEN

Wie bei Rind gilt auch für Schwein: Erst kurz vor Grillende oder zum Servieren salzen und pfeffern. Und auch Schwein schmeckt noch zarter, wenn man es vor dem Anrichten einige Minuten zugedeckt oder in Alufolie eingewickelt ruhen lässt.

BRATWURST ERST ANGAREN

Und noch ein Tipp zum Thema Bratwurst. Häufig ist die gegrillte Wurst außen schon schwarz, wenn sie innen noch fast roh ist. Das lässt sich ganz einfach verhindern: Legen Sie die Bratwürste erst für 10–12 Minuten bei geschlossenem Deckel in die indirekte Zone des Grills. Dort garen sie richtig durch und werden knackig-heiß. Erst dann ziehen Sie die Bratwürste in die direkte Zone des Grills, dort bekommen sie dann ihre appetitliche Farbe.

SCHWEIN

VORBEREITUNG: 20 MIN.   **MARINIERZEIT:** 10 STD.   **GRILLZEIT:** 6 STD.   **METHODE:** INDIREKT

SPARERIPS
nach der 3-2-1-Methode

ZUTATEN

Pro Person einen Rippenbogen
BBQ-Rub
1 l Apfelsaft
BBQ-Sauce

FÜR DEN RUB

90 g brauner Zucker
10 EL Paprika, edelsüß
6 EL schwarzer Pfeffer
8 EL grobes Salz
4 TL Knoblauchpulver
4 TL Selleriesamen
2 TL Cayennepfeffer

FÜR DIE SAUCE

500 ml Ketchup
60 ml Apfelessig
60 ml Worcester-Sauce
45 g brauner Zucker
100 ml Cola
2 EL dunkelbrauner Zuckersirup
2 EL Senf
1 EL Tabasco
2 TL Räucheraroma
10 g schwarzer Pfeffer

1. Alle Zutaten für den Rub in einer Schüssel gut vermischen.

2. Die Silberhaut an einer Stelle von der Unterseite der Rippenbögen lösen und dann am besten mit Küchenpapier zwischen Daumen und Zeigefinger abziehen. So lässt sie sich am besten greifen.

3. Rippenbögen mit dem Rub einreiben und über Nacht in den Kühlschrank legen.

4. Den Grill für 110 °C indirekte Hitze vorbereiten und die Rippchen für 3 Stunden bei 110–120 °C bei geschlossenem Deckel grillen.

5. Für jeden Rippenbogen eine große Lage Alufolie (noch besser zwei übereinanderliegend) vorbereiten. Diese an den Seiten hochklappen und auf den Boden Apfelsaft geben. Anschließend jeden Rippenbogen in die Alufolie setzen, noch etwas Apfelsaft zugeben, luftdicht verschließen und im Grill für zwei Stunden in der Alufolie bei geschlossenem Grilldeckel dämpfen.

6. In der Zwischenzeit alle Zutaten für die BBQ-Sauce mischen und 30 Minuten bei niedriger Temperatur köcheln lassen.

7. Nach zwei Stunden die Rippenbögen aus der Alufolie nehmen und eine weitere Stunde bei 110 °C indirekter Hitze grillen. Dabei alle 15 Minuten mit der BBQ-Sauce lackieren.

Tauschen Sie Cola und Apfelessig gegen Kirschsaft, auch das passt perfekt zu Schweinefleisch.

Fettrand vor dem Grillen nicht abschneiden – Geschmacksträger!

VORBEREITUNG: 10 MIN.   **GRILLZEIT:** 12–15 MIN.   **METHODE:** DIREKT

IBERICO-KOTELETTS
mit Nusskruste

ZUTATEN FÜR 4 PERSONEN

4 Iberico-Koteletts à 200 g
1 Packung gemischte Nüsse
1/2 Bund Petersilie
Pfeffer aus der Mühle
Salz

1. Die Petersilie waschen, trocken schütteln, abzupfen und fein hacken.

2. Die Nussmischung in eine hohe Schüssel geben und mit einem Stabmixer zerkleinern.

3. Die fein gehackte Petersilie unter die Nussmischung geben, alles mit Pfeffer und Salz abschmecken.

4. Den Grill auf 200 °C direkte Hitze vorbereiten, den Rost reinigen und einölen.

5. Die Iberico-Koteletts ca. 4–5 Minuten bei geschlossenem Deckel angrillen. Den Fettrand vor dem Grillen nicht abschneiden, er ist ein wichtiger Geschmacksträger.

6. Die Koteletts wenden und auf der gegrillten Seite die Nuss-Petersilien-Mischung gleichmäßig verteilen.

7. Die Koteletts wieder vier bis fünf Minuten auf direkter Hitze und bei geschlossenem Deckel grillen.

8. Vor dem Servieren die Koteletts in der indirekten Zone des Grills 4–5 Minuten nachgaren lassen, bis die Kruste eine schöne Farbe angenommen hat.

Kotelett nach der Hälfte der Grillzeit um 45 Grad drehen, dann bekommt es ein schönes Rautenmuster.

SCHWEIN

Essen Kinder mit, den Wein einfach durch Traubensaft ersetzen!

VORBEREITUNG: 10 MIN. **GRILLZEIT:** 20 MIN. **METHODE:** DIREKT

WINZER-HOTDOG

FÜR 4 PERSONEN

4 Bratwürste
6 Zwiebeln
300 ml Weißwein
150 g kernlose Weintrauben
4 Hotdog-Brötchen
2 EL Rapsöl

1. Die Zwiebeln in Ringe schneiden und in einem Topf mit dem Rapsöl anschwitzen.

2. Die Bratwürste mit einem scharfen Messer alle 2 cm auf beiden Seiten leicht einschneiden und dann bei 180–200 °C auf der indirekten Zone des Grills 10 Minuten bei geschlossenem Grilldeckel garen. So werden sie innen heiß, die Haut verbrennt aber nicht.

3. In der Zwischenzeit die Weintrauben halbieren und zu den Zwiebeln geben.

4. Die Bratwürste in die direkte Zone des Grills ziehen und bei 180–200 °C von allen Seiten gleichmäßig braun grillen.

5. Zwiebeln und Trauben in eine Aluschale geben, die Bratwürstchen dazugeben und alles mit dem Weißwein ablöschen.

6. Die Aluschale über die direkte Hitze stellen und alles 20 Minuten bei geschlossenem Deckel köcheln lassen.

7. In den letzten 3 Minuten die aufgeschnittenen Hotdog-Brötchen auf der Schnittfläche grillen.

8. Die Hotdog-Brötchen mit der Bratwurst, den Zwiebeln und den Trauben belegen und servieren.

Gelingt besonders gut mit groben und nicht gebrühten Bratwürsten.

VORBEREITUNG: 10 MIN. **MARINIERZEIT:** 4 STD. **GRILLZEIT:** 15–20 MIN.

SCHWEINEFILET
mit Rosmarin-Balsamico-Marinade

ZUTATEN FÜR 4 PERSONEN

2 Schweinefilets à 400 g
100 ml guter Balsamico-Essig
100 ml Olivenöl
4 TL brauner Zucker
2 EL Sojasauce
5 Zweige Rosmarin
Pfeffer aus der Mühle, Salz

1. Die Rosmarinnadeln abzupfen und fein hacken.

2. In eine Schüssel Balsamico-Essig, Olivenöl, braunen Zucker, Sojasauce und den gehackten Rosmarin geben und alles mit dem Stabmixer verquirlen.

3. Die Schweinefilets von eventuellen Sehnen befreien und mit der Marinade in einen Gefrierbeutel geben.

4. Die Luft herausdrücken, Beutel verschließen und für mindestens 4 Stunden im Gefrierbeutel marinieren.

5. Die Schweinefilets aus der Marinade nehmen und etwas abtupfen. Die Marinade auffangen und in einem Topf einköcheln lassen.

6. Die Filets bei ca. 200 °C direkter Hitze scharf angrillen.

7. Die Filets nun in die indirekte Zone des Grills ziehen und bis zu einer Kerntemperatur von 65 °C garen lassen. Dabei immer wieder mit der eingeköchelten Marinade bestreichen.

8. Vor dem Servieren die Filets in Alufolie wickeln und 5 Minuten ruhen lassen, damit sich der Fleischsaft setzen kann. Zum Anrichten die Filets in Scheiben schneiden, etwas Marinade darübergeben und servieren. Je nach Geschmack mit etwas Salz und Pfeffer aus der Mühle würzen.

Probieren Sie anstelle von Rosmarin auch mal Thymian oder getrocknete Kräuter der Provence.

VORBEREITUNG: 20 MIN.   **GRILLZEIT:** 12–15 MIN.   **METHODE:** DIREKT

GEFÜLLTES SCHWEINEFILET *mit*
rotem Pesto und Serranoschinken

ZUTATEN FÜR 4 PERSONEN

1 Schweinefilet à 500 g
6 Scheiben Serrano-Schinken
80 g getrocknete Tomaten
20 g Pinienkerne
80 g Parmesan
1 Knoblauchzehe
Pfeffer, Salz
Olivenöl

1. Die Pinienkerne in einer beschichteten Pfanne ohne Fett rösten.

2. Die getrockneten Tomaten grob zerkleinern, die Knoblauchzehe schälen.

3. Tomaten, Knoblauch und Pinienkerne in einen hohen Behälter geben und mit dem Stabmixer zerkleinern.

4. Parmesankäse dazugeben und bei laufendem Stabmixer langsam so viel Olivenöl einfließen lassen, bis eine homogene, nicht zu feste Masse entsteht. Mit Pfeffer und Salz abschmecken.

5. Das Schweinefilet in der Mitte längs aufschneiden, aber nicht durchschneiden. Die beiden aufgeklappten Hälften ebenfalls einschneiden und dann das Fleisch plattieren.

6. Das Fleisch mit dem Pesto bestreichen, dann den Serranoschinken auflegen.

7. Das Schweinefilet zusammenrollen und mit Küchengarn zusammenbinden.

8. Filet bei direkter Hitze 3 Minuten von allen Seiten angrillen, dann bei 150 °C indirekter Hitze auf 68 °C Kerntemperatur ziehen lassen. Zum Servieren aufschneiden.

Schmeckt auch gut mit Hähnchenbrustfilet.

VORBEREITUNG: 20 MIN. **GRILLZEIT:** 10 MIN. **METHODE:** DIREKT

GEFÜLLTE SOUFLAKI-SPIESSE

FÜR 10 STÜCK

600 g Schweinerücken am Stück
(möglichst ca. 20 cm lang)
1 große Zucchini
100 g Feta-Käse
ca. 5 EL Gyros-Gewürzmischung
Olivenöl
Holzspieße (30 Minuten gewässert)

1. Die Zucchini mit einer Küchenmaschine oder einem Sparschäler längs in dünne Scheiben (ca. 2–3 mm dick) schneiden.

2. Die Zucchinischeiben in einer Pfanne mit etwas Olivenöl kurz anrösten.

3. Den Schweinerücken in ca. 4 Zentimeter hohe und 2–3 mm dünne Scheiben schneiden. Das Fleisch vor dem Schneiden ca. 30 Minuten im Tiefkühlschrank anfrieren, dann lässt es sich leichter bearbeiten.

4. Den Fetakäse in ca. 2 x 2 cm große Würfel schneiden und in der Gyros-Gewürzmischung wälzen.

5. Den gewürzten Feta mit einer Scheibe Zucchini umwickeln.

6. Jetzt von der anderen Seite eine Scheibe Schweinerücken um den Zucchini-Feta-Würfel wickeln und mit einem Holzspieß fixieren.

7. Das restliche Gyrosgewürz mit 3–4 Esslöffeln Olivenöl mischen und die Spieße damit einpinseln.

8. Den Grill auf 180–200 °C direkte Hitze vorbereiten und die gefüllten Souflaki-Spieße von allen Seiten insgesamt ca. 10 Minuten grillen.

Gyros-Gewürz lässt sich auch leicht selbst herstellen. Die Mischung finden Sie auf Seite 200.

VORBEREITUNG: 20 MIN. **GRILLZEIT:** 8–10 MIN. **METHODE:** DIREKT

IBERICO-RÜCKEN MIT BOHNENSALAT

ZUTATEN FÜR 4 PERSONEN

4 Scheiben Iberico-Rücken
200 g Keniabohnen
200 g Rucola
200 g Kirschtomaten
2 rote Zwiebeln
200 g Champignons
6 EL Olivenöl
2 EL Balsamico-Essig
1 TL flüssiger Honig
1 EL glatte Petersilie, fein gehackt
Pfeffer aus der Mühle, Salz

1. Von den Bohnen die Enden abschneiden und in kochendem Wasser 8 Minuten garen, in eiskaltem Wasser abschrecken.

2. Die Champignons putzen und halbieren, die Zwiebeln schälen und in Spalten schneiden. Die Tomaten halbieren.

3. In einer Pfanne die Zwiebeln kurz andünsten, Champignons und Tomaten zugeben und kurz durchschwenken.

4. Pfanneninhalt mit den Bohnen und dem Rucola vermischen, aus Essig, Öl und Honig ein Dressing mixen und zum Salat geben.

5. Die Iberico-Steaks bei 160–180 °C direkter Hitze von beiden Seiten jeweils 4–5 Minuten grillen. Danach salzen, pfeffern und auf dem Salat anrichten.

VORBEREITUNG: 30 MIN. **GRILLZEIT:** 6–8 MIN. **METHODE:** DIREKT

GEFÜLLTE BRATWURSTSPIESSE

ZUTATEN FÜR 4 PERSONEN

5 Bratwürstchen
3 Packungen Bacon
200 g Gouda am Stück
20 kleine Holzspieße

1. Die Würstchen der Länge nach in dünne Scheiben schneiden (geht am besten mit einer Aufschnittmaschine).

2. Den Gouda in 1,5–2 cm große Würfel schneiden.

3. Jeweils eine Scheibe Bacon um ein Stück Käse wickeln.

4. Die Wurstscheibe von der anderen Seite her um den Bacon-Käse-Würfel wickeln und auf einen Holzspieß stecken.

5. Den Grill auf 180–200 °C direkte Hitze vorbereiten, den Grillrost mit einer Bürste reinigen.

6. Die Spieße bei direkter Hitze ca. 6–8 Minuten von allen Seiten grillen, bis der Bacon kross ist und der Käse leicht zerläuft.

VORBEREITUNG: 20 MIN.   GRILLZEIT: 8–10 MIN.   METHODE: DIREKT

GEGRILLTE SCHWEINEROULADE

ZUTATEN FÜR 4 PERSONEN

4 dünn geschnittene Schweineschnitzel
8 Scheiben Bacon/Speck
1 Gewürzgurke, geviertelt
1 Zwiebel, in Streifen geschnitten
1 kleine Dose Sauerkraut
4 EL Senf
3 Grillspieße

1. Die Schnitzel flach klopfen.

2. Jedes Schnitzel mit einem Esslöffel Senf bestreichen, darauf je 2 Scheiben Bacon legen und ca. 2 Esslöffel Sauerkraut darauf verteilen.

3. Jetzt alles mit je einem Stück Gurke und einigen Zwiebelstreifen belegen.

4. Das Fleisch eng zu Rouladen zusammenrollen.

5. Die vier Schweinerouladen eng nebeneinanderlegen und die drei Grillspieße in gleichmäßigen Abständen durch die Rouladen stechen.

6. Mit einem Messer zwischen den Spießen durchschneiden, um drei Spieße mit je vier Röllchen zu bekommen.

7. Die Schweinerouladen am Spieß bei 160–180 °C direkter Hitze von jeder Seite 4–5 Minuten grillen.

VORBEREITUNG: 10 MIN.   MARINIERZEIT: 2 STD.   GRILLZEIT: 10–12 MIN.
METHODE: DIREKT

CAIPIRINHA-KOTELETTS

ZUTATEN FÜR 4 PERSONEN

4 Schweinekoteletts à 200 g
4 Limetten
4 EL brauner Zucker
2 EL grobes Meersalz
6 cl Cachaça-Rum (Pitú)

1. Die Limetten gründlich waschen und abtrocknen. Die Schale abreiben und in einer Schüssel mit Zucker und Salz vermischen.

2. Den Saft der Limetten auspressen, in die Schüssel geben und gründlich verrühren, bis sich Zucker und Salz aufgelöst haben.

3. Den Cachaça-Rum zugeben und vermischen. Sollten Kinder mitessen, den Rum weglassen und stattdessen eine Limette mehr auspressen.

4. Die Koteletts in einen Frischhaltebeutel geben, die Marinade zugeben und luftdicht verschließen. Mindestens für 2 Stunden, besser 4–6 Stunden, in den Kühlschrank legen.

5. Eine halbe Stunde vor dem Grillen die Koteletts aus der Marinade nehmen und diese etwas abtropfen lassen.

6. Die Koteletts bei 180–200 °C direkter Hitze von jeder Seite 5–6 Minuten grillen und mit einer Limettenscheibe servieren.

SCHWEIN

TIPPS

Für den perfekten Burger

Von außen scharf angegrillt, innen saftig, mit geschmolzenem Käse belegt und das alles zwischen einem fluffigen Burger-Bun – so muss ein Burger sein! Mit diesen Tipps werden Sie Familie und Gäste mit Ihren Burgern begeistern.

KEINE ANGST VOR FETT

Natürlich ist und bleibt die wichtigste Zutat für einen Burger frisches Rindfleisch für den Patty, bevorzugt gekauft beim Metzger Ihres Vertrauens. Es sollte nicht zu mager sein und zwischen 18 und 20 Prozent Fett enthalten. So trocknet das Hackfleisch auf dem Grill nicht aus und das enthaltene Fett macht den Burger saftig. Wichtig: Ist der Fettanteil zu hoch, lässt sich der Patty nicht formen.

KRÄFTIG WÜRZEN

Pures Rinderhackfleisch allein macht noch keinen guten Burger, das Hack muss ordentlich mit Salz und Pfeffer gewürzt werden. Weitere Zutaten können eine feurige Chili-Sauce, eine würzige Worcester-Sauce oder auch fein geriebener Knoblauch sein. Klein geschnittene Zwiebeln vor dem Einarbeiten ins Hack in einer Pfanne mit etwas Rapsöl anschmoren, das macht den Burger noch etwas saftiger.

HOHE HITZE

Die Patties werden bei 220–260 °C und direkter Hitze gegrillt. So werden sie außen schön knusprig und braun, während sie innen saftig und weich bleiben.

KREATIV SEIN

Kopfsalat, eine Scheibe Käse, Gurken, Tomaten, Zwiebeln, Ketchup, Mayonnaise – so sind die Burger aus dem Fast-Food-Restaurant. Dabei gibt es bei der Kreation eines eigenen Burgers unendlich viele Möglichkeiten: Dem Hackfleisch kann man getrocknete Tomaten, klein gehackte Chilischoten oder eingelegte Oliven zugeben, der Ketchup lässt sich prima durch eine selbst gemachte BBQ-Sauce ersetzen. Und und und …

RUHEN LASSEN

Wie bei einem guten Steak muss auch der Patty nach dem Grillen unter Alufolie 5 Minuten bei Raumtemperatur ruhen. Denn beim Grillen zieht sich der Fleischsaft von der Hitze weg ins Innere zurück, in der Ruhezeit kann sich der Saft wieder im Hackfleisch verteilen.

RICHTIG FORMEN

Die idealen Patties sollten, anders als man es aus den gängigen Fast-Food-Restaurants kennt, 1,5–2 cm dick sein. Sind sie zu dünn, trocknen sie innen aus, bevor sie außen eine kräftigbraune Kruste haben. Sind die Patties zu dick, sind sie womöglich im Inneren noch roh, obwohl sie außen schon fast schwarz sind. Beim Formen des Patties sollte man darauf achten, dass das Rindfleisch nicht zu kräftig gedrückt oder – noch viel schlimmer – wie eine Frikadelle zwischen den Handflächen gerollt wird. Dabei wird der Patty schlicht und ergreifend zu fest. Damit der Patty auf dem Rost schön flach bleibt, wird die Mitte des Patty-Rohlings eingedrückt, entweder mit dem Daumen oder einem Teelöffel. Wer keine Lust hat, das Fleisch mit der Hand zu formen, kann zu einer Burgerpresse greifen. Die gibt es schon für ca. 10–15 Euro.

NUR EINMAL WENDEN

Man sollte jeden Patty nur einmal wenden. Den richtigen Moment dafür zu erkennen (nach ca. 8 Minuten), ist ganz einfach: Lässt sich der Patty mit einem Grillwender problemlos anheben, hat sich eine leckere Kruste gebildet und er ist bereit zum Wenden. Klebt das Hackfleisch dagegen am Rost, lässt man ihn noch so lange auf dem Rost, bis er sich von selbst löst (höchstens im Minutentakt vorsichtig probieren).

VORBEREITUNG: 60 MIN. **RUHEZEIT:** 30 MIN. **BACKZEIT:** 12–15 MIN.

BURGER BUNS

ZUTATEN FÜR 6–8 BUNS

1 kg Mehl
1 Packung Hefe
100 g Butter
450 ml Wasser
250 ml Milch
1 EL Salz
5 EL Zucker
1 Handvoll Sesam (geschält)
1 Eiweiß
etwas Fett für das Blech

1. Milch, Wasser und Butter vermengen und in einem Topf lauwarm erhitzen. Die Zutaten dürfen nicht zu heiß werden, da sonst die Hefe nicht richtig aufgehen kann.

2. Die Hefe in das Mehl bröseln. Das Milch-Wasser-Buttergemisch langsam in das Mehl geben und den Teig verkneten. Noch etwas Mehl zugeben, bis der Teig sich von der Schüssel löst und ca. 10 Minuten ordentlich kneten.

3. Aus dem Teig nun ca. sechs dicke Kugeln formen, diese auf das eingefettete Blech legen und leicht andrücken. Nun müssen die Buns mindestens 30 Minuten gehen.

4. Nachdem die Buns schön aufgegangen sind, die Oberseite mit etwas Eiweiß bestreichen und den Sesam darüberstreuen.

5. Die Buns im Backofen bei 200 °C Ober-/Unterhitze goldbraun backen.

Die Buns lassen sich auch gut einfrieren. Bei Bedarf die gefrorenen Buns bei 150 °C Umluft 15 Minuten aufbacken.

SCHWEIN

VORBEREITUNG: 25 MIN.   **GRILLZEIT:** 8 MIN.   **METHODE:** DIREKT

THAI-BURGER *mit Avocadocreme*

ZUTATEN FÜR 4 BURGER

500 g Schweinehackfleisch
1 Bund Koriander
2 rote Zwiebeln
1/2 Bund Lauchzwiebeln
2 Avocados
1 reife Mango
1 Limette
Pfeffer
Salz
1 EL Erdnussöl
4 Burger-Brötchen mit Sesam

1. Eine rote Zwiebel schälen, fein würfeln und mit 1 EL Erdnussöl in einer Pfanne glasig dünsten. Abkühlen lassen.

2. Den Koriander fein hacken, die Lauchzwiebeln in dünne Ringe schneiden.

3. Das Schweinehackfleisch mit Zwiebeln, Koriander und Lauchzwiebeln vermischen und daraus vier Patties formen.

4. Von der Mango mit dem Sparschäler die Schale abschneiden und die Mango links und rechts vom Kern in 3–5 mm dicke Scheiben schneiden.

5. Die Avocado schälen, das Fruchtfleisch in eine Schüssel geben und mit einer Gabel zerdrücken.

6. Die zweite rote Zwiebel schälen, fein würfeln und zur Avocado geben, Saft einer halben Limette zugeben, alles mit dem Stabmixer pürieren und mit Salz und Pfeffer abschmecken.

7. Den Grill auf 180 °C direkte Hitze vorbereiten und die Patties von beiden Seiten jeweils 4–5 Minuten grillen .

8. Parallel die Mangoscheiben von beiden Seiten angrillen, bis sie ein Grillmuster haben. Die Burger-Buns kurz auf der Schnittfläche erwärmen.

9. Die Burger-Buns von beiden Seiten mit der Avocadocreme bestreichen, die Unterseite mit der Mangoscheibe und dem Patty belegen und die Thai-Burger servieren.

Wer es gerne asiatisch-scharf mag, gibt eine klein gehackte Chilischote in die Pattymasse.

SCHWEIN

VORBEREITUNG: 15 MIN. **MARINIERZEIT:** 10 STD. **GRILLZEIT:** PRO KILO CA. 4 STD. **METHODE:** INDIREKT

PULLED PORK KLASSISCH

ZUTATEN FÜR 4–6 PERSONEN

1 Schweineschulter vom Metzger Ihres Vertrauens, ca. 4 kg schwer, mit Knochen und möglichst stark durchwachsen

FÜR DEN RUB

4 EL Paprika (scharf)
4 EL Knoblauchgranulat
2 EL Zwiebelgranulat
4 EL grobes Meersalz
4 EL brauner Zucker
2 EL Chilipulver
2 EL schwarzer Pfeffer, frisch gemahlen
2 EL Thymian
1 EL Majoran
2 EL Oregano

FÜR DIE MARINADE

400 ml Apfelsaft
200 ml Apfelessig
6 EL brauner Zucker
4 EL Meersalz
1 EL Sojasauce
10 ml Tabasco

AUSSERDEM

Brötchen
BBQ-Sauce (Rezept Seite 199)
je nach Wunsch Krautsalat

1. Alle Rub-Zutaten in einer Schüssel mischen. Die Zutaten für die Marinade ebenfalls in einer Schüssel vermischen und kühl stellen.

2. Den Fettdeckel der Schweineschulter mit einem scharfen Messer alle 2 cm rautenförmig einschneiden. Vorsicht: Nicht zu tief schneiden, damit das Fleisch nicht verletzt wird.

3. Die Schweineschulter von beiden Seiten großzügig mit dem Rub einreiben und einmassieren, dann diese fest in Frischhaltefolie einwickeln und zum Einwirken mindestens 12 Stunden in den Kühlschrank legen.

4. Im Grill die Schulter bei 110–120 °C indirekter Hitze grillen bzw. smoken. Für den typischen Rauchgeschmack ab und zu Räucherchips bzw. Holzchips in die glühende Kohle geben.

5. Ab Kerntemperatur 70 °C die Schweineschulter jede Stunde großzügig mit der Marinade einpinseln. Faustregel: Pro Kilo Fleisch mindestens 4 Stunden Zeit einplanen.

6. Bei Kerntemperatur 80 °C die Schweineschulter in Alufolie wickeln und bis Kerntemperatur 90 °C weitergaren lassen.

7. Ab Kerntemperatur 90 °C die Schweineschulter wieder aus der Alufolie packen und noch eine weitere Stunde indirekt bei 110–120 °C grillen, bis die Ziel-Kerntemperatur von 95 °C erreicht ist. In dieser Zeit wieder alle 30 Minuten mit der Marinade einpinseln.

8. Zum Abschluss die Schweineschulter wieder in Alufolie einpacken und an einem warmen Platz ruhen lassen. Im Brötchen oder Burger-Bun mit Krautsalat und BBQ-Sauce servieren.

SCHWEIN

VORBEREITUNG: 15 MIN.   **MARINIERZEIT:** 10 STD.   **GRILLZEIT:** PRO KILO CA. 4 STD.

PULLED PORK *aus dem Ofen*

Sie haben keinen Smoker oder keine Lust, Ihren Holzkohlegrill rund um die Uhr zu befeuern? Trotzdem müssen Sie auf die Königsdisziplin des amerikanischen BBQs nicht verzichten. Denn es lässt sich auch im Backofen zubereiten.

ZUTATEN FÜR 4–6 PERSONEN

2 kg Schweinenacken
3 EL Senf

FÜR DEN RUB

2 EL Paprika (scharf)
2 EL Knoblauchgranulat
1 EL Zwiebelgranulat
2 EL grobes Meersalz
2 EL brauner Zucker
1 EL Chilipulver
1 EL schwarzer Pfeffer, frisch gemahlen
1 EL Thymian
1/2 EL Majoran
1 EL Oregano

FÜR DIE MARINADE

400 ml Apfelsaft
200 ml Apfelessig
6 EL brauner Zucker
4 EL Meersalz
1 EL Sojasauce
10 ml Tabasco

AUSSERDEM

Brötchen
Wisconsin-BBQ-Sauce
(Rezept Seite 199)

1. Alle Rub-Zutaten in einer Schüssel mischen. In einer zweiten Schüssel die Zutaten für die Marinade vermischen und kühl stellen.

2. Den Schweinenacken rundum dünn mit Senf einstreichen, großzügig mit dem Rub einreiben, einmassieren, dann fest in Frischhaltefolie einwickeln und zum Einwirken mindestens 12 Stunden in den Kühlschrank legen.

3. Den Schweinenacken in einer Aluschale oder einem Bräter im Ofen bei 120 °C 8 Stunden lang garen. Faustregel: Pro Kilo Fleisch mindestens 4 Stunden Zeit einplanen.

4. Ab einer Kerntemperatur von 70 °C den Schweinenacken jede Stunde großzügig mit der Marinade einpinseln.

5. Nach Ende der Garzeit den Gartest durchführen: Wenn sich das Fleisch mit einer Gabel an einer dünnen Stelle leicht auseinanderzupfen lässt, ist es fertig.

6. Das Schweinefleisch mit zwei Gabeln auseinanderzupfen. Im Bratensaft warmhalten, ggf. mit ein paar Tropfen Red Arrow Raucharomen die Rauchnote verstärken.

7. Zusammen mit Wisconsin-BBQ-Sauce (siehe Seite 199) servieren.

MICHAS TIPPS FÜR DAS GRILLEN VON

Lamm & Kalb

Fleisch vom Lamm und ganz besonders vom Kalb hat bislang auf dem Rost noch nicht die große Beliebtheit wie Rind und Schwein erlangt. Dabei sind beide Fleischsorten wie gemacht für den Grill, wenn Sie richtig gute, frische Qualität bekommen.

AUF DIE FARBE ACHTEN!

Fleisch von jungen Lämmern erkennen Sie an der rosa Färbung. Ist am Fleisch ein Fettrand oder ist es von Fettschichten durchzogen, muss das Fett weiß sein. Hat es eine gelbliche Färbung, hatte das Tier schon einige Jahre auf dem Buckel. Beim Grillen gibt das Fett (ist ja ein Geschmacksträger) den Geschmack an das Grillgut ab, das Fleisch schmeckt dann sehr streng (eher nach Hammel) und das ist wahrlich nicht jedermanns Sache. Theoretisch könnte man den Fettrand auch abschneiden, das ist aber nicht unbedingt zu empfehlen, da er verhindert, dass das Fleisch beim Grillen zu schnell austrocknet.

MARINIEREN!

Filet und Lachse sind die zartesten (und teuersten) Stücke vom Lamm, aber natürlich eignet sich auch Fleisch aus der Schulter oder Keule hervorragend zum Grillen. Ein Klassiker sind Koteletts, die, wenn sie über Nacht in Öl, Knoblauch und frischen Kräutern wie Rosmarin, Thymian oder Oregano mariniert werden, butterzart sind.

Tipp: Umickeln Sie die freiliegenden Knochen vor dem Auflegen auf den Rost mit Alufolie, damit sie nicht verbrennen.

ROSA GRILLEN

Lamm wird klassischerweise rosa gegrillt (ca. 58–60 °C Kerntemperatur), als Patty im Burger sollte die Kerntemperatur des Lammhacks mindestens 70–72 °C betragen.

FLEISCH RUHEN LASSEN!

Medium durchgebraten ist ein Kalbssteak oder -filet erst, wenn nach dem Wenden (bitte immer nur einmal nach ca. 2–3 Minuten) klarer Fleischsaft aus den Poren der Oberfläche tritt. Dann einfach in Alufolie einwickeln und 5 Minuten ruhen lassen, damit sich die Fleischfasern entspannen können und der Saft sich im ganzen Stück verteilt.

IN DER KÜRZE …

Kalb darf wie Rind auf keinen Fall durchgegart werden, es sollte immer noch einen rosa Kern für den unverfälschten Fleischgeschmack haben. Zu lange gegrilltes Kalbfleisch wird nicht nur schnell trocken, sondern auch sehr fest und ist dann (fast) ungenießbar. Und dafür ist Kalbfleisch dann doch zu teuer.

Tipp: Das Kalbfleisch eine Stunde vor dem Grillen marinieren, Olivenöl und Kräuter wie Thymian und Rosmarin harmonisieren ganz ausgezeichnet mit Kalb.

HEISS SERVIEREN!

Lamm immer sofort nach dem Grillen servieren, kalt schmeckt es tranig wie ein altes Schaf.

Mind. 1 Stunde marinieren!

VORBEREITUNG: 30 MIN. **MARINIERZEIT:** 1 STD. **GRILLZEIT:** 10–12 MIN. **METHODE:** DIREKT / INDIREKT

KRÄUTER-LAMMLACHSE *mit*
Auberginen-Bohnen-Salat

ZUTATEN FÜR 4 PERSONEN

4 Lammlachse
150 ml Olivenöl
1/2 Bund Rosmarin
1/2 Bund Basilikum
1/2 Bund Schnittlauch
1/2 Bund Thymian
1 Aubergine
1 kleine Dose weiße Bohnen
1 rote Zwiebel
4 EL Rapsöl
2 TL Knoblauchgranulat

1. Die Kräuter waschen, trocken schütteln, fein hacken, mit dem Olivenöl vermischen und die Lammlachse darin mindestens 1 Stunde, besser noch über Nacht marinieren.

2. Die Aubergine waschen, halbieren und in 1 cm dicke Scheiben schneiden. Auberginen von beiden Seiten großzügig mit Öl einreiben und mit dem Knoblauchgranulat bestreuen.

3. Den Grill auf ca. 200 °C vorheizen und die Auberginen bei direkter Hitze von beiden Seiten je 4–5 Minuten grillen.

4. Auberginen vom Rost nehmen und auf Küchenkrepp abkühlen lassen.

5. Die rote Zwiebel abziehen und in feine Würfel schneiden. Zwiebelwürfel in einer Aluschale mit etwas Rapsöl bei direkter Hitze glasig anschwitzen, die weißen Bohnen abgießen, dazugeben und in der Schale erwärmen.

6. Die Lammlachse aus der Marinade nehmen, abtropfen lassen. Restliche Marinade mit Küchenpapier vorsichtig abtupfen.

7. Die Lammlachse bei ca. 240 °C direkter Hitze von beiden Seiten je 90 Sekunden grillen, sie sollten ein schönes Grillmuster haben.

8. Die Lammlachse an die Seite des Grills ziehen und bei möglichst niedriger indirekter Hitze noch 7 Minuten gar ziehen lassen, bis das Fleisch innen schön rosa ist. Die Kerntemperatur sollte 55 °C betragen.

9. Vor dem Anrichten die Aubergine mit den Zwiebel-Bohnen mischen, noch einmal kurz erwärmen und mit dem Lammlachs servieren.

VORBEREITUNG: 15 MIN. · GRILLZEIT: 8 MIN. · METHODE: DIREKT

GRILLSPIESSE SALTIMBOCCA

ZUTATEN FÜR 4 PERSONEN

4 Kalbsschnitzel
4 Scheiben Parmaschinken
12 frische Salbeiblätter
Salz
Pfeffer aus der Mühle

1. Die Schnitzel ganz dünn klopfen.

2. Die Schnitzel mit etwas Salz und Pfeffer würzen.

3. Auf jedes Schnitzel drei Salbeiblätter und darauf jeweils eine Scheibe Parmaschinken legen.

4. Die Schnitzel so fest es geht aufrollen.

5. Die Schnitzelröllchen hintereinanderlegen und vier Grillspieße in gleichmäßigen Abständen durch alle Schnitzelröllchen schieben.

6. Mit einem Messer zwischen den Spießen durchschneiden, um vier Spieße mit je vier Röllchen zu bekommen.

7. Die Spieße bei 150–180 °C direkter Hitze von jeder Seite ca. 4 Minuten grillen.

*Kein Fleischklopfer vorhanden?
Einfach Fleisch mit Frischhaltefolie
belegen und dann mit dem Pfannenboden
platt klopfen.*

VORBEREITUNG: 10 MIN.   MARINIERZEIT: 24 STD.   GRILLZEIT: 6 STD.   METHODE: INDIREKT

VEAL RIBS

ZUTATEN FÜR 4 PERSONEN

ca. 2 kg kurze Kalbfleischrippchen mit Knochen

FÜR DEN RUB

3 EL 5-Gewürze-Pulver
1 EL feinkörniges Meersalz
100 ml Traubensaft
2 TL brauner Zucker
2 TL gemahlener weißer Pfeffer

FÜR DIE SAUCE

1 Tasse Hoisin-Sauce
1/3 Tasse trockener Sherry
1/3 Tasse Sojasauce
1/4 Tasse brauner Zucker
1/4 Tasse Ketchup
2 EL Reisessig ungewürzt
2 Knoblauchzehen, fein gehackt
1 EL geschälter, gehackter Ingwer
2 Frühlingszwiebeln, weiße und grüne Teile gehackt

1. Zutaten für den Rub in einer Schüssel gut vermischen und dann die Rippchen von allen Seiten gut einreiben.

2. Nun die eingeriebenen Rippchen in Frischhaltefolie fest einwickeln und 24 Stunden kühlen. Eine Stunde vor dem Grillen aus dem Kühlschrank nehmen.

3. Den Grill bzw. Smoker auf ca. 110 °C heizen. Die auf Zimmertemperatur temperierten Rippchen nun auf den Grill legen und bei indirekter Hitze 3 Stunden grillen/smoken.

4. Nach 3 Stunden werden die Rippchen kurz vom Grill genommen und auf Alufolie gelegt. Etwas Traubensaft zugeben und dann die Päckchen schließen.

5. Die Rippchen kommen nun wieder bei 110 °C in Alufolie für 2 Stunden auf den Smoker.

6. Nach insgesamt 5 Stunden werden die Rippchen wieder aus der Alufolie genommen, auf den Grill gelegt und bei 110 °C indirekter Hitze zu Ende gegart.

7. Für die Sauce werden alle Zutaten in einem Topf kurz aufgekocht. In der letzten Stunde werden die Rippchen damit alle 10 Minuten eingepinselt.

8. Zum Schluss den Grill noch einmal kurz auf 250 °C aufheizen und die Rippchen anbraten, bis die Glasur karamellisiert und die Ribs kross werden.

Damit der Rub besser an den Rippchen haften bleibt, kann man die Rippche vorher mit etwas Speiseöl einreiben.

VORBEREITUNG: 35 MIN. **MARINIERZEIT:** 1 STD. **GRILLZEIT:** 6 MIN. **METHODE:** DIREKT

LAMM-MINZ-SPIESSE *mit Kartoffeln*

ZUTATEN FÜR 4 SPIESSE

600 g Lammfilet
4 EL Olivenöl
2 Knoblauchzehen
1/2 Bund frische Minze
8 Drillinge, z.B. La Ratte oder Bamberger Hörnchen
4 Holzspieße, mindestens eine Stunde gewässert

1. Das Lammfilet in 20 gleich große Stücke schneiden.
2. Von der Minze 8 Blätter aufheben, den Rest fein hacken.
3. Die Minze und den Knoblauch mit dem Olivenöl vermischen, darin das Lammfilet für mindestens 1 Stunde einlegen.
4. In der Zwischenzeit die Drillinge in Salzwasser ca. 12–15 Minuten bissfest kochen, abgießen, abkühlen lassen und halbieren.
5. Abwechselnd Lamm und Drillinge auf die Holzspieße stecken, an zwei Stellen je ein Minzblatt mit aufstecken.
6. Den Grill für ca. 160 °C direkte Hitze vorbereiten.
7. Die Lammspieße von beiden Seite ca. 2–3 Minuten scharf angrillen und sofort servieren.

VORBEREITUNG: 20 MIN. **GRILLZEIT:** 10 MIN. **METHODE:** DIREKT / INDIREKT

KALBSFILET *im Pfeffermantel*

ZUTATEN FÜR 4 PERSONEN

600 g Kalbsfilet aus dem Mittelstück
4 EL grober Pfeffer
2 EL Olivenöl
Meersalz
Rapsöl

1. Das Kalbsfilet von eventuellen Sehnen und Fett befreien und in vier gleich große Filets schneiden.

2. Die Kalbsfilets an den Außenseiten (NICHT die Schnittflächen) mit etwas Olivenöl einstreichen.

3. Den groben Pfeffer in einen tiefen Teller geben und die Fileträder mit leichtem Druck darin wälzen.

4. Den Grill für hohe direkte Hitze (220–240 °C) vorbereiten und den Rost etwas einölen. Die Kalbsfilets darauf von jeder Seite je 2 Minuten scharf angrillen. Die Temperatur im Grill reduzieren, die Kalbsfilets in die indirekte Zone des Grills ziehen und dort ruhen lassen, bis die Filets eine Kerntemperatur von 60 °C (rosa) erreicht haben.

5. Vor dem Servieren die Filets mit etwas grobem Meersalz bestreuen.

VORBEREITUNG: 25 MIN. **GRILLZEIT:** 8 MIN. **METHODE:** DIREKT

LAMMRÖLLCHEN *mit Minzjoghurt*

ZUTATEN FÜR 4 PERSONEN

500 g Lammrücken ohne Knochen
1 gelbe Paprika
1 rote Zwiebel
2 EL Rapsöl
2 Knoblauchzehen
Abrieb einer halben Bio-Limette
2 EL Olivenöl
2 Rosmarinzweige
4 Zweige Thymian
Salz
Pfeffer
Abrieb einer halben Bio-Zitrone
1/2 Bund Minze
200 g griechischer Joghurt

1. Die Paprika fein würfeln, die rote Zwiebel abziehen und ebenfalls sehr fein würfeln.

2. In einer Aluschale über direkter Hitze (160–200 °C) das Rapsöl erhitzen, darin Zwiebel und Paprika anschwitzen. Von der Flamme nehmen und abkühlen lassen.

3. Lammrücken in 1 cm dicke Scheiben schneiden und diese plattieren.

4. Von einem Zweig Rosmarin die Nadeln abziehen und fein hacken. Die Knoblauchzehen abziehen, mit einer Gabel zerdrücken und zusammen mit Rosmarin, Zitronenabrieb, Salz, Pfeffer und Öl eine Paste herstellen.

5. Die Lammrückenscheiben mit der Paste bestreichen, mit etwas Zwiebel-Paprika-Masse belegen, zusammenrollen und jede Rolle mit einem Zweig Rosmarin fixieren.

6. Die Minze fein hacken und zusammen mit dem Joghurt und dem Zitronenabrieb vermischen. Mit Pfeffer und Salz abschmecken.

7. Den Grill auf ca. 180–200 °C direkte Hitze vorbereiten und die Lammröllchen darauf von beiden Seiten je 3–4 Minuten grillen. Zusammen mit dem Minzjoghurt servieren.

Der Minzjoghurt lässt sich gut mit Chilipulver und/oder klein gehacktem Kümmel variieren bzw. verfeinern.

MICHAS TIPPS FÜR DAS GRILLEN VON

Geflügel

Ob Hähnchenschenkel oder Putenschnitzel – Geflügel ist seit Jahren der Überflieger auf dem Grill. Kalorienarm, eiweißreich und vielseitig zuzubereiten, hat es sich immer mehr zur beliebten Alternative zu Schwein entwickelt. Mit diesen Tipps erleben Sie beim Grillen von Geflügel garantiert keinen Absturz am Rost.

FRISCH ODER NICHT?

Kaufen Sie keine abgepackte Ware, sondern frisches Geflügel. Das kostet zwar ein paar Euro mehr, aber Sie werden den Unterschied schmecken.

WIE GRILLEN?

Geflügel wird auf dem Grill schnell trocken und ist dann selbst mit leckeren Dips und Saucen kaum noch genießbar. Darum: Braten Sie Hühnchen- oder Putenschnitzel über direkter Hitze von beiden Seiten je 2 Minuten scharf an und lassen Sie das Fleisch dann am Rand des Grills oder in der indirekten Zone bis zu einer Kerntemperatur von 75 °C garen.

WAS MACHT MAN MIT DER HAUT?

Wenn Sie Geflügel mit Haut grillen, lässt das darunterliegende Fett das Fleisch zart werden, da ein Austreten des Saftes verhindert wird.

RARE, MEDIUM, …?

Aufgrund der Gefahr von Salmonellen sollten Huhn und Pute immer durchgebraten werden. Ausnahme: Ente darf auch gerne rosa serviert werden.

KERNTEMPERATUREN GEFLÜGEL

FLEISCH/SCHNITTSTÜCK	MEDIUM	WELL DONE
ENTENBRUST	62–64 °C	k. A.
ENTE	k. A.	80–90 °C
GANS	75–80 °C	90–95 °C
HÄHNCHENBRUST	k. A.	72–75 °C
HÄHNCHEN	k. A.	80–85 °C
PUTE	k. A.	80–90 °C

DIREKT ODER INDIREKT?

Für direktes Grillen eignen sich: Chicken Wings, Brustfilet und Schnitzel. Für indirektes Grillen eignen sich: ganze Tiere bzw. Stücke von größeren Tieren wie der Hähnchenschenkel (BBQ-Drumsticks).

GEFLÜGEL

Über Nacht ziehen lassen!

VORBEREITUNG: 15 MIN.   **MARINIERZEIT:** 10 STD.   **GRILLZEIT:** 40–50 MIN.   **METHODE:** INDIREKT

BBQ-CHICKEN-DRUMSTICKS

ZUTATEN FÜR 4 PERSONEN

12 Hähnchenkeulen
2 Knoblauchzehen
1 Chilischote
1 Bio-Orange
4 EL Honig
1 EL Paprikapulver
6 EL Sojasauce
2 EL Olivenöl
BBQ-Sauce nach Wunsch

1. Sojasauce und Olivenöl in einer großen Schale vermischen.

2. Die Knoblauchzehen abziehen, sehr fein hacken und in die Marinade geben.

3. Die Chilischoten längs aufschneiden, die Kerne entfernen, in sehr feine Ringe schneiden und ebenfalls zur Marinade geben.

4. Von einer Orangenhälfte die Schale mit einer Zestenreibe fein abreiben, die Orange auspressen und alles zusammen mit dem Paprikapulver und dem Honig vermengen.

5. An den Hähnchenschenkeln das Fleisch und die Sehnen rund um die Knöchel einschneiden. Die Haut an mehreren Stellen einschneiden.

6. Die Hähnchenschenkel in die Marinade legen und am besten über Nacht ziehen lassen.

7. Den Grill auf ca. 140 °C indirekte Hitze vorbereiten und die Hähnchenschenkel ca. 40–50 Minuten garen lassen, bis sie eine Kerntemperatur von 75–80 °C erreicht haben.

Wer mag, kann die Drumsticks nach ca. 30 Minuten Grillzeit mit BBQ-Sauce bestreichen.

GEFLÜGEL

VORBEREITUNG: 20 MIN. **MARINIERZEIT:** 8–10 STD. **GRILLZEIT:** 10 MIN. **METHODE:** DIREKT

HÄHNCHEN-ZUCCHINI-SPIESSE
mit Ayran-Marinade

ZUTATEN FÜR 4 PERSONEN

400 g Hähnchen
2 Zucchini
8 Kirschtomaten

FÜR DIE MARINADE

200 ml Ayran
1 Knoblauchzehe
1 TL fein gehackte Petersilie
10 g Kerbel
1 TL fein gehackten Thymian
Saft von einer Bio-Zitrone
Pfeffer aus der Mühle
Salz

1. Pro Spieß jeweils 100 g Hähnchen in fünf gleich große Stücke schneiden.

2. Die Zucchini mit einem Sparschäler in dünne Scheiben schneiden.

3. Die Zuchchinischeiben zu Röllchen formen.

4. Jeweils fünf Hähnchenstücke und drei Zucchinischeiben abwechselnd aufspießen.

5. An die Enden der Spieße jeweils eine Kirschtomate aufstecken.

6. Die Knoblauchzehe in den Ayran pressen, dann mit Kräutern und Zitrone vermengen und mit Salz und Pfeffer abschmecken.

7. Die Spieße in die Marinade geben, abdecken und über Nacht im Kühlschrank ziehen lassen.

8. Die Hähnchenspieße bei mittlerer direkter Hitze von beiden Seiten je 4–5 Minuten durch grillen.

Falls Sie keinen Ayran im Supermarkt bekommen: 2 Teile Joghurt (3,5 %) und einen Teil Wasser mit dem Schneebesen schaumig rühren und leicht salzen.

GEFLÜGEL

VORBEREITUNG: 10 MIN.   **MARINIERZEIT:** 10 STD.   **GRILLZEIT:** 22–25 MIN.   **METHODE:** DIREKT / INDIREKT

ENTENBRUST ASIA STYLE
mit Sesam-Soja-Marinade

FÜR 4 PERSONEN
2 Entenbrüste ohne Knochen

FÜR DIE MARINADE

1/3 Tasse Sesam, geröstet
2 EL Sesamöl
4 EL Honig
3 EL Ketjap Manis
(Es gibt Ketjap Manis im gut sortierten Supermarkt oder im Asialaden.)
4 EL Sojasauce
2 bis 3 getrocknete rote Chilis, entkernt und kleingehackt
1 EL Limettenabrieb
1 TL gemahlener Koriander
3 Knoblauchzehen, zerdrückt

FÜR DIE SAUCE
100 ml Hühnerbrühe

1. Die Entenbrüste waschen, mit Küchenpapier trocken tupfen und die Haut mit einem scharfen Messer rautenförmig einschneiden.

2. Die Zutaten für die Marinade vermischen und die Entenbrüste damit einstreichen.

3. Die Entenbrüste mit Marinade in einen Gefrierbeutel geben, die Luft rausstreichen, fest verschließen und über Nacht in den Kühlschrank geben.

4. Am nächsten Tag das Fleisch aus der Marinade nehmen und bei 180–200 °C direkter Hitze 8 Minuten auf der Haut grillen.

5. Nach 8 Minuten die Entenbrüste wenden und noch einmal 8 Minuten grillen. Anschließend ca. 6 Minuten bei 120 °C indireker Hitze bis auf 65 °C Kerntemperatur (rosa) oder 90 °C (durch) gar ziehen lassen.

6. In der Zwischenzeit die Marinade mit etwas Hühnerbrühe aufkochen und reduzieren lassen, mit Pfeffer und Salz abschmecken und zu der gegrillten Entenbrust servieren.

Achten Sie darauf, beim Schneiden wirklich nur in die Haut, nicht aber in das Fleisch zu schneiden. Es trocknet sonst schnell aus.

GEFLÜGEL

VORBEREITUNG: 20 MIN.   **MARINIERZEIT:** 2 STD.   **GRILLZEIT:** 15 MIN.   **METHODE:** DIREKT / INDIREKT

HÄHNCHEN-PAPAYA-SPIESSE
mit Teriyaki-Sauce

FÜR 6 PERSONEN

3 Hähnchenbrustfilets
1 Knoblauchzehe
4 EL Teriyaki-Sauce
3 EL Balsamico-Essig
3 EL Rapsöl
Salz
Pfeffer
2 rote Zwiebeln
2 Papayas
6 Holzspieße, gewässert

1. Die Hähnchenbrustfilets gleichmäßig in ca. 2 cm große Stücke schneiden.

2. Den Knoblauch sehr fein hacken und in einer Schüssel zusammen mit der Teriyaki-Sauce, dem Balsamico-Essig, Rapsöl, einer Prise Salz und Pfeffer verrühren.

3. Die Hähnchenbruststücke darin marinieren und im Kühlschrank mindestens 2 Stunden durchziehen lassen.

4. Die Papayas entkernen und in 2 cm große Würfel schneiden.

5. Die rote Zwiebel schälen und in Spalten schneiden.

6. Abwechselnd Hähnchenbrust, Papaya und Zwiebeln auf die Holzspieße stecken.

7. Die Spieße noch einmal mit der restlichen Marinade einpinseln.

8. Die Spieße auf dem Grill bei mittlerer direkter Hitze (160–180 °C) 15 Minuten grillen, dabei einmal wenden.

Papayas sind reif, wenn ihre grüne Haut beginnt, sich gelb zu verfärben und sie etwas zerbeult aussehen.

VORBEREITUNG: 20 MIN. **GRILLZEIT:** 20 MIN. **METHODE:** DIREKT

DOUBLE-CHICKEN-BLT-BURGER

FÜR 4 PERSONEN

2 Hähnchenbrustfilets
4 (längliche) Brötchen nach Wahl
2 Tomaten
50 g gemischte Blattsalate
2 große rote Zwiebeln
20 Scheiben Bacon
Rapsöl
Pfeffer aus der Mühle
Mayonnaise nach Belieben

1. Die Hähnchenbrustfilets 15 Minuten vor der Zubereitung aus dem Kühlschrank nehmen. Die Filets halbieren, etwas pfeffern und jede Hälfte mit jeweils drei Scheiben Bacon umwickeln.

2. Die Tomaten in Scheiben schneiden. Die Zwiebeln abziehen, in Scheiben schneiden und in einer Pfanne mit etwas Rapsöl braten.

3. Den Grill auf mittlere direkte Hitze (160 °C) vorbereiten. Den Rost mit einer Grillbürste reinigen und mit etwas Öl einreiben. Die mit Bacon umwickelten Hähnchenbrustfilets auf den Grill legen und von beiden Seiten jeweils 10 Minuten grillen. Vorsichtig wenden, damit der Bacon nicht auseinanderfällt.

4. Die restlichen Baconscheiben ebenfalls bei direkter Hitze von beiden Seiten knusprig grillen.

5. Die Brötchen halbieren und die Schnittflächen in den letzten 3 Minuten angrillen.

6. Die Brötchenhälften mit Mayonnaise bestreichen, jeweils eine Hälfte mit Blattsalaten und den gebratenen Zwiebeln belegen. Auf die anderen Hälften die Tomatenscheiben, die Hähnchenbrustfilets und den knusprigen Bacon legen.

Wer Angst hat, dass der Bacon auf dem Rost kleben bleibt, legt ihn auf Backpapier bei kleiner Hitze über die Flamme.

VORBEREITUNG: 15 MIN. **GRILLZEIT:** 50–60 MIN. **METHODE:** INDIREKT

BEERCAN BBQ-CHICKEN

FÜR 4 PERSONEN

1 frisches Hähnchen,
mind. 1000 g
150 ml Dosenbier
2 Thymianzweige
2 Knoblauchzehen
50 ml Pflanzenöl
2 TL Paprikapulver edelsüß
1 TL Cayennepfeffer
Salz
Pfeffer

1. 150 ml Bier in eine Schüssel geben, die Thymianblättchen abzupfen, den Knoblauch schälen, fein würfeln, beides zusammen mit dem Pflanzenöl, Paprika und Cayennepfeffer zum Bier geben und gut verrühren.

2. Das Hähnchen innen und außen mit der Marinade gut einstreichen, kräftig mit Salz und Pfeffer aus der Mühle würzen. Die restliche Marinade in die Bierdose geben.

3. Das Hähnchen auf die geöffnete Dose setzen und bei indirekter Hitze, 140–160 °C und geschlossenem Deckel ca. 50–60 Minuten grillen.

Praktische Hähnchenhalter aus Edelstahl gibt es im Grillfachhandel und im Baumarkt. Sollen Kinder mitessen, lässt sich Bier durch Malzbier ersetzen.

GEFLÜGEL

Fisch & Meeresfrüchte

Lachs ist der beliebteste Fisch auf dem Rost. Am Stück, mit Haut oder ohne – hier erfahren Sie alles über die richtige Vor- und Zubereitung. Freuen Sie sich außerdem auf Rezepte mit Thunfisch, Steinbeißer, Wolfsbarsch und Garnelen.

MICHAS TIPPS FÜR

Fisch & Meeresfrüchte

Fische und Meeresfrüchte leben im Wasser – aber ihren besten Geschmack bekommen sie erst über Feuer. Während die meisten Griller ohne Angst Fleisch auf den Rost legen, haben sie bei Fisch häufig Respekt. Mit diesen Tipps wird der Fisch vom Grill ein Hochgenuss!

FISCHSORTEN

Besonders gut geeignet sind alle Fischsorten, die ein festes Fleisch und einen hohen Fettgehalt haben, wie zum Beispiel Lachs, Thunfisch, Schwertfisch, Dorade, Forelle oder Makrele.

KABELJAU, ...

... Heilbutt oder Rotbarbe haben ein sehr weiches Fleisch, das man besser in Alufolie einpackt. Praktisch: Gibt man frische Kräuter der Saison, Knoblauch und einen Schuss Weißwein dazu, bekommt der Fisch beim Garen ein tolles Aroma.

VORBEREITUNG

Ganze Fische werden direkt auf dem gereinigten und eingeölten Rost gegrillt (siehe Garzeitentabelle). Vor dem Grillen säubert man die Haut und reibt sie mit gutem Olivenöl und etwas Meersalz ein, die Bauchhöhle füllt man mit frischen Kräutern wie Basilikum und Estragon, Zitronen- oder Limettenscheiben und einigen angedrückten Knoblauchzehen.

WANN IST FISCH GAR?

Am Aussehen des Fisches lässt sich leicht erkennen, ob er fertig gegart ist. Ist das Fleisch weiß und nicht mehr glasig, ist der Fisch gar. Auch bei ganzen Fischen ist die Bestimmung des Gargrades einfach: Lässt sich die Rückenflosse leicht herausziehen, ist der Fisch fertig. Die sicherste Methode ist natürlich auch beim Fisch ein funkgesteuertes Gar-Thermometer zu benutzen. Als grobe Faustregel gilt: Bei 56 °C ist der Fisch glasig, von 58 °C–60 °C fast gar, von 60 °C–64 °C durch und bei 70 °C übergart.

FISCHFILETS …

… werden mit der Hauptseite auf den geölten Rost gelegt und bei möglichst großer Hitze gegart. So entsteht auf der Fischoberfläche eine aromatische Kruste, die den praktischen Nebeneffekt hat, dass sich der Fisch besser vom Rost löst. Nach dem Wenden werden die Filets bei indirekter Hitze zu Ende gegart.

STEAKS …

… von Thunfisch, Lachs und Schwertfisch werden auf beiden Seiten bei direkter Hitze nur kurz gegrillt, sodass das Innere nicht ganz durchgegart und noch leicht glasig ist – besonders Thunfisch wird sonst grau, trocken und unaromatisch.

GELINGT IMMER …

… und klebt nicht: Fisch von der Holzplanke. Dazu werden Holzbretter, zum Beispiel Zeder, Kirsche oder Erle, mindestens 3 Stunden gewässert. Auf dem abgetrockneten Holz wird der Fisch platziert und so lange in die direkte Zone des Grills gelegt, bis es auf der Unterseite zu rauchen beginnt. Dann zieht man das Brett in die indirekte Zone und gart den Fisch dort schonend fertig, dabei bekommt er ein feines Holzraucharoma.

SORGEN?

Wenn Sie Sorge haben, dass der Fisch beim Wenden zerfällt, investieren Sie ein paar Euro in einen Fischkorb. Der wird wie der Rost vor Gebrauch eingeölt, damit sich der Fisch besser lösen lässt.

WIE OFT WENDEN?

Nur einmal wenden – das ist bei Fisch noch wichtiger als bei Fleisch. Je öfter man Fisch wendet, desto größer ist die Gefahr, dass er zerfällt.

KERNTEMPERATUREN FISCH

Forelle	65 °C
Hecht	63 °C
Lachs	60 °C
Seeteufel	56–60 °C

GROSSE FISCHE

Sehr große Fische werden bei indirekter Hitze gegart, damit das Fleisch auch innen durch ist und die Haut nicht verkohlt.

MARINIEREN?

Natürlich kann Fisch wie Fleisch mariniert werden. Damit das Fischfleisch dabei nicht aufweicht, reichen 30 bis maximal 120 Minuten.

Mind. 30 Minuten marinieren!

VORBEREITUNG: 25 MIN. **MARINIERZEIT:** 30 MIN. **GRILLZEIT:** 10 MIN. **METHODE:** DIREKT

STEINBEISSER
auf buntem Mango-Salat

ZUTATEN FÜR 4 PERSONEN

800 g Steinbeißerfilet
1 Mango
1 rote Paprika
1 rote Zwiebel
1 Limette
1/2 Bund Koriander
4 Weizen-Tortillas

1. Die Mango schälen und in 1 cm große Würfel schneiden. Paprika waschen, trocknen und ebenfalls in 1 cm große Würfel schneiden.

2. Die rote Zwiebel schälen und fein würfeln. Alle Zutaten für den Salat in eine Schüssel geben.

3. Die Limetten halbieren, auspressen und den Saft in den Salat geben. Den Koriander fein hacken und ebenfalls zum Salat geben, alles 30 Minuten im Kühlschrank ziehen lassen.

4. Das Steinbeißerfilet in vier gleich große Stücke schneiden. Den Grill für 180 °C direkte Hitze vorbereiten. Den Grillrost mit einer Bürste gründlich reinigen und mit etwas Rapsöl einölen.

5. Die Steinbeißerfilets von beiden Seiten jeweils 5 Minuten bei direkter Hitze grillen.

6. In der letzten Minute die Weizen-Tortillas kurz auf dem Grill erhitzen. Salat auf die Tortillas geben, darauf das Steinbeißerfilet setzen.

Steinbeißer schmeckt frisch definitiv besser als tiefgekühlte Filets. Frischen Fisch zu Hause höchstens einen Tag in der kältesten Zone des Kühlschranks lagern.

FISCH & MEERESFRÜCHTE

VORBEREITUNG: 20 MIN. **GRILLZEIT:** 15–20 MIN. **METHODE:** INDIREKT

BBQ-WOLFSBARSCH *in Alufolie*

ZUTATEN FÜR 6 PERSONEN

*3 Filets vom Wolfsbarsch
(à 400 g, mit Haut, von Schuppen
und Gräten befreit)
3 Zitronen
300 g Champignons
1 Bund Thymian
3 Knoblauchzehen
6 EL Olivenöl extra vergine
frisch gemahlener weißer Pfeffer
Salz*

1. Die Zitronen großzügig mit einem scharfen Messer schälen und in dünne Scheiben schneiden. Die Champignons putzen, die Stiele abschneiden, vierteln und kühl stellen.

2. 30 Minuten vor dem Anrichten drei ca. DIN-A3-große Blätter Alufolie auf der Arbeitsfläche ausbreiten. Je 1/3 der Thymianzweige in die Mitte der Folien legen. Die Knoblauchzehen schälen, in dünne Scheiben schneiden, auf den Thymian legen und je 1 EL Olivenöl darüberträufeln.

3. Die Wolfsbarschfilets mit etwas Salz und weißem Pfeffer bestreuen. Jedes Filet in die Mitte einer vorbereiteten Alufolie legen. Das restliche Olivenöl gleichmäßig über die Wolfsbarschfilets träufeln. Die Zitronenscheiben auf den Wolfsbarsch legen. Die Champignons um die Wolfsbarschfilets legen. Die überstehenden Enden der Alufolie nach oben schlagen und verschließen. Die Folie soll gut verschlossen sein, aber nur locker sitzen.

4. Den Grill auf 140–160 °C indirekte Hitze vorbereiten.

5. Die Folienpäckchen auf den Rost setzen und 15–20 Minuten garen.

Gelingt auch mit anderen Fischen mit festem Fleisch, z.B. Seeteufel.

FISCH & MEERESFRÜCHTE

Wassermelone mit Pfeffer, Salz und Olivenöl verfeinern ... lecker!

VORBEREITUNG: 20 MIN. GRILLZEIT: 4–6 MIN. METHODE: DIREKT

GAMBAS MIT GEGRILLTER WASSERMELONE
& Avocadocreme

ZUTATEN FÜR 4 PERSONEN

8 Gambas mit Schale und Kopf
1 Bund Frühlingslauch
1 Gurke
1 Bund Koriander
1 Avocado
3 Limetten
1/4 Wassermelone
1 Chilischote
1 rote Zwiebel
1–2 EL Pflanzenöl
Salz, Pfeffer

1. Die Wassermelone von der Schale befreien und in ca. 10 cm lange, 3 cm hohe und 3 cm breite Streifen schneiden.

2. Die Gurke schälen, entkernen und sehr fein würfeln, ebenso die rote Zwiebel.

3. Den Koriander und die Chilischote fein hacken, den Frühlingslauch in Ringe schneiden.

4. Die Avocado schälen, den Kern entfernen und das Fruchtfleisch fein würfeln. Mit Gurke, Zwiebel, Chili, Frühlingslauch und Koriander vermischen und mit Limettensaft, Pflanzenöl und Salz abschmecken.

5. Den Grill auf 180–200 °C direkte Hitze vorbereiten und die Gambas von beiden Seiten jeweils 2–3 Minuten grillen.

6. Währenddessen die Melone kurz von beiden Seiten bei größter Hitze grillen, bis sie ein schönes Muster hat. Auf dem Teller mit Pfeffer, Salz und Öl verfeinern und zusammen mit der Avocadocreme servieren.

VORBEREITUNG: 20 MIN. MARINIERZEIT: 2 STD. GRILLZEIT: 10 MIN.

FEUERGARNELEN

ZUTATEN FÜR 4 PERSONEN

600 g Scampi (frisch oder gutes Tiefkühlprodukt)
3 Knoblauchzehen
2 Bio-Limetten
2 Chilischoten
4 EL Rapsöl

1. Die Scampi waschen, mit Küchenkrepp trocken tupfen. Den Rückenpanzer entfernen, mit einem scharfen Messer den Rücken einritzen und den Darm herausziehen.

2. Den Knoblauch schälen und fein würfeln.

3. Eine Limette halbieren und den Saft auspressen. Die Chilischoten in Ringe schneiden.

4. In einer Schüssel Rapsöl mit Knoblauch, Limettensaft und Chilischoten verrühren. Die Garnelen dazugeben, alles vermischen, mit Frischhaltefolie abdecken und im Kühlschrank 2 Stunden ziehen lassen. Nach 1 Stunde umrühren.

5. Die Garnelen in einer Grillschale ohne Löcher bei 200 °C direkter Hitze und geschlossenem Deckel 10 Minuten grillen, dabei nach 5 Minuten einmal wenden.

Wer es besonders scharf mag, verdoppelt die Anzahl der Chilischoten und lässt die Garnelen statt 2 Stunden über Nacht im Kühlschrank in der Marinade.

FISCH & MEERESFRÜCHTE

VORBEREITUNG: 20 MIN. **GRILLZEIT:** 10 MIN. **METHODE:** DIREKT

LACHSFILET *auf der Haut gegrillt mit Gurkensalat*

ZUTATEN FÜR 4 PERSONEN

800 g Lachsfilet am Stück mit
Haut und ohne Gräten
Salz, weißer Pfeffer
4 EL Olivenöl

FÜR DEN SALAT

2 Salatgurken
100 g Naturjoghurt
4 EL Olivenöl
1 rote Zwiebel
1 Chilischote
1 Messerspitze Rauchsalz
(z.B. von Red Arrow)
1 Messerspitze Rauchpfeffer
(z.B. von Red Arrow)
1 Limette
1/2 TL Zucker

1. Die Gurke schälen, längs halbieren und mit einem Teelöffel die Kerne entfernen. Dann die Gurkenhälften in 1 cm große Würfel schneiden.

2. Die rote Zwiebel schälen und sehr fein würfeln, die Chilischote in sehr feine Ringe schneiden. Beides zu den Gurken geben.

3. Den Naturjoghurt mit Olivenöl und dem Saft der Limette verrühren. Mit Rauchsalz, Rauchpfeffer und Zucker würzen und abschmecken. Mit den Gurken vermischen und im Kühlschrank ziehen lassen.

4. In der Zwischenzeit den Lachs waschen und mit Küchenpapier trocken tupfen. Die Haut vorsichtig im Zentimeterabstand einschneiden.

5. Den Lachs mit Olivenöl einreiben und mit Salz und weißem Pfeffer würzen.

6. Den Grill für 180–200 °C direkte Hitze vorbereiten. Den Lachs mit der Hautseite auf den Rost setzen und bei geschlossenem Deckel 10 Minuten grillen. Das Filet sollte innen noch ganz leicht glasig sein.

Fischfilets mit der Hautseite auf den geölten Rost legen und bei möglichst großer Hitze garen. So entsteht eine aromatische Kruste und der Fisch löst sich besser vom Rost.

FISCH & MEERESFRÜCHTE

VORBEREITUNG: 25 MIN. **MARINIERZEIT:** 1 STD. **GRILLZEIT:** 8 MIN. **METHODE:** DIREKT

FRUCHTIGER LACHS *mit*
Orangen-Bohnen

ZUTATEN FÜR 4 PERSONEN

4 Lachsfilets à 150–180 g
400 ml Orangensaft
3 EL brauner Zucker
2 EL Sojasauce
2 Knoblauchzehen
1 Zwiebel
Salz, Pfeffer
1 kleine Dosen weiße Riesenbohnen
2 Orangen
1 rote Zwiebel
2 EL Rapsöl

1. Die Zwiebel schälen und vierteln. Die Knoblauchzehen schälen und mit einem großen Messer andrücken.

2. In einem Topf den Orangensaft mit Zucker, Zwiebel und Knoblauchzehen und Sojasauce zum Kochen bringen und unter gelegentlichem Rühren auf die Hälfte einkochen lassen.

3. Zwiebel und Knoblauch entfernen. Von der Orangenreduktion 50 ml abnehmen. Den Lachs auf einen tiefen Teller oder in eine Frischhaltebox geben und mit der restlichen Orangenreduktion marinieren. Für mindestens 1 Stunde in den Kühlschrank geben.

4. Die Bohnen in einem Sieb abtropfen lassen. Die rote Zwiebel schälen und in feine Würfel schneiden. Die Zwiebelwürfel mit 2 EL Rapsöl in eine Aluschale geben und über mittlerer direkter Hitze 5 Minuten glasig dünsten.

5. Die Orangen schälen, die weiße Orangenhaut entfernen und die Filets ausschneiden. Die Orangenfilets mit den Bohnen und der restlichen Orangenreduktion mit in die Aluschale geben und 5 Minuten erwärmen.

6. Den Grill auf 200 °C direkte Hitze vorheizen. Die Lachsfilets abtropfen lassen und bei direkter Hitze von beiden Seiten je 4 Minuten grillen.

Die sicherste Methode, um den Gargrad des Fisches zu bestimmen ist die Nutzung eines Gar-Thermometers. Faustregel: 56°C glasig, 58–60°C fast gar, 60–64°C durch.

VORBEREITUNG: 10 MIN. **GRILLZEIT:** 10 MIN.

JAKOBSMUSCHELN
in Parmaschinken

ZUTATEN FÜR 4 PERSONEN

8 Jakobsmuscheln
4 Stangen Zitronengras
8 Scheiben Parmaschinken
Olivenöl
1 Zitrone

1. Die Zitronengrasstängel am dicken Ende mit einem Fleischklopfer anklopfen.

2. Jede Jakobsmuschel mit einer Scheibe Schinken umwickeln.

3. Je zwei Muscheln auf einen Zitronengrasstängel stecken.

4. Die Jakobsmuscheln mit etwas Olivenöl und Zitronensaft beträufeln.

5. Die Jakobsmuscheln bei 140–160 °C direkter Hitze von beiden Seiten auf der Muschelseite jeweils für 4–5 Minuten grillen.

Jakobsmuscheln können frisch oder gefroren gekauft werden. Achten Sie bei frischen Muscheln darauf, dass die Schale gut geschlossen ist.

VORBEREITUNG: 15 MIN. **GRILLZEIT:** 8 MIN. **METHODE:** DIREKT

JAKOBSMUSCHEL-ZUCCHINI-SPIESSE

ZUTATEN FÜR 4 SPIESSE

16 Jakobsmuscheln
2 Zucchini
4 Schaschlikspieße
Rapsöl
Pfeffer aus der Mühle
grobes Meersalz

1. Die Jakobsmuscheln waschen und mit Küchenkrepp vorsichtig trocken tupfen.

2. Die Zucchini waschen und mit Küchenkrepp trocknen.

3. Aus den Zucchini 20 Scheiben schneiden, die genauso dick sind wie die Jakobsmuscheln.

4. Auf jeden Schaschlikspieß abwechselnd fünf Zucchinischeiben und vier Jakobsmuscheln spießen, jeder Spieß beginnt und endet mit einer Scheibe Zucchini.

5. Die Jakobsmuschel-Zucchini-Spieße mit Rapsöl bestreichen, mit Meersalz und Pfeffer bestreuen.

6. Die Spieße bei 220–240 °C direkter Hitze auf dem gereinigten und eingeölten Rost ca. 6–8 Minuten grillen, dabei nur einmal wenden.

FISCH & MEERESFRÜCHTE

Leckere Variante: Holzplanken statt in Wasser in Weißwein einweichen!

VORBEREITUNG: 20 MIN. **GRILLZEIT:** 25 MIN. **METHODE:** DIREKT / INDIREKT

LIMETTENLACHS *von der Zedernholzplanke mit Koriander-Frischkäse-Glasur*

ZUTATEN FÜR 4–6 PERSONEN

1 Lachsseite (ca. 1 kg)
1 gut gewässerte Holzplanke
(mind. 3, besser 6 Stunden)

FÜR DIE GLASUR

100 ml Olivenöl
4 EL Limettensaft
1 EL Essig
2 EL Honig
2 EL Senf
150 g Frischkäse
1–2 EL frisch gehackter Koriander
1 TL brauner Zucker
Pfeffer aus der Mühle
1/2 TL Knoblauchpulver
2 Limetten, längs halbiert und in
dünne Scheiben geschnitten

1. Für die Glasur alle Zutaten bis auf das Olivenöl mit dem Schneebesen verrühren.

2. Jetzt langsam das Olivenöl einlaufen lassen, bis eine glatte Masse entsteht.

3. Den Lachs portionsweise einschneiden (nicht durchschneiden), großzügig mit der Glasur einpinseln und Limettenscheiben in die Schnitte setzen.

4. Die Planke aus dem Wasser nehmen, mit Küchenpapier abtrocknen und den Fisch auflegen.

5. Den Grill auf 180–200 °C direkte Hitze vorbereiten. Die Planke mit dem Fisch so lange in die direkte Hitze legen, bis sie qualmt.

6. Jetzt die Planke in die indirekte Hitze des Grills ziehen und ca. 20 Minuten grillen. In dieser Zeit wird der Fisch schonend gegart und das Topping bekommt eine feste Konsistenz.

Nach dem Abkühlen die Planke mit heißem Wasser und einer Bürste reinigen. Bei Zimmertemperatur gut trocknen lassen, dann kann eine Grillplanke 3–5 Mal verwendet werden.

FISCH & MEERESFRÜCHTE

VORBEREITUNG: 10 MIN.   **MARINIERZEIT:** 1 STD.   **GRILLZEIT:** 2 MIN.   **METHODE:** DIREKT

TERIYAKI-THUNFISCH
mit Wakame-Algen

ZUTATEN FÜR 4 PERSONEN

800 g Thunfischfilet am Stück
4 EL Teriyaki-Sauce
(alternativ Sojasauce)
4 EL Olivenöl
1 Frischhaltebeutel (3 l)
Wakame-Algen (im Asia-Laden
erhältlich)

1. Teriyaki-Sauce und Olivenöl in einer Schüssel mischen, das Thunfischfilet damit bestreichen.

2. Das Thunfischfilet in den Frischhaltebeutel geben, restliche Marinade dazu, Luft herausdrücken, verschließen und für mindestens eine Stunde in den Kühlschrank legen.

3. Das Thunfischfilet aus dem Beutel nehmen und mit Küchenkrepp vorsichtig abtupfen. Dann bei 180 °C direkter Hitze mit Deckel von jeder Seite 1 Minute grillen.

4. Das Thunfischfilet vom Grill nehmen, in 1 cm dicke Scheiben schneiden und zusammen mit den Wakame-Algen auf Tellern anrichten.

Steaks von Thunfisch, Lachs und Schwertfisch werden auf beiden Seiten bei direkter Hitze nur kurz gegrillt, sodass das Innere nicht ganz durchgegart ist – besonders Thunfisch wird sonst grau, trocken und unaromatisch. Der Fisch wäre dann eigentlich umsonst gestorben.

Gemüse

Aubergine, Fenchel, Lauch – es gibt kein Gemüse, das nicht für die Zubereitung auf dem Grill geeignet ist. Und mit gegrilltem Radicchio mit Ziegenkäse oder Zucchini-Feta-Päckchen werden Sie garantiert auch eingeschworene Fleischesser von gesundem Gemüse überzeugen.

MICHAS TIPPS FÜR DAS GRILLEN VON

Gemüse

Gemüse vom Grill ist heute längst nicht mehr nur das notwendige Übel, wenn Vegetarier zur Grillparty kommen. Es kann so vielfältig als Hauptgericht oder Beilage zubereitet werden, dass selbst eingeschworene Fleischesser gerne zugreifen.

WAS EIGNET SICH?

Grundsätzlich sind alle Gemüsesorten für den Grill geeignet, die festfleischig und saftig sind. Das gilt vor allem für Paprika (möglichst eckig, um eine große Oberfläche auf dem Rost zu haben), Auberginen und Zucchini (vor dem Grillen salzen, um Wasser zu entziehen), Zwiebeln (in Ringe geschnitten) oder Spargel (grüne Stangen schmecken intensiver als weiße). Ebenso eignen sich Tomaten (lassen sich gut aushöhlen und füllen) und sogar Blumenkohl und Broccoli (vor dem Grillen blanchieren). Achten Sie beim Kauf auf feste und unbeschädigte Ware.

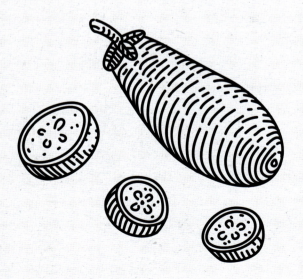

VORBEREITEN

Bestreichen Sie das Gemüse vor dem Grillen mit etwas Öl oder einer selbst gemachten Marinade aus Rapsöl mit Kräutern wie Rosmarin, Oregano, Thymian oder Chili. Das schmeckt nicht nur gut, sondern sorgt auch dafür, dass das Gemüse nicht so leicht am Grill festklebt und nicht so schnell austrocknet. Grillgemüse schmeckt am besten, wenn es noch ein wenig bissfest ist.

UND NOCH EINE BITTE:

Nehmen Sie Rücksicht auf Vegetarier oder Veganer und legen Sie das Gemüse nicht dort auf den Rost, wo gerade noch ein fettiges Nackensteak oder eine Bratwurst lag. Reservieren Sie, wenn der Grill groß genug ist, einen eigenen (kleinen) Bereich. Oder grillen Sie das Gemüse ganz einfach in einer gelochten Aluschale.

NICHT ZU HEISS!

Damit möglichst wenige Nährstoffe verloren gehen, sollte das Gemüse bei niedriger bis mittlerer Temperatur gegrillt werden, also zwischen 120–180 °C.

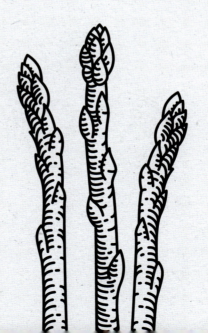

VORBEREITUNG: 15 MIN. **GRILLZEIT:** 4–6 MIN. **METHODE:** DIREKT

GEGRILLTE LAUCHZWIEBELN
mit Gorgonzola-Dip

ZUTATEN FÜR 4 PERSONEN

12 Stangen Lauchzwiebeln
(Frühlingslauch)
140 g Gorgonzola
40 ml Sahne
40 ml Milch
1 Bund Schnittlauch
Pfeffer aus der Mühle
Salz
2 EL Olivenöl
1 Aluschale

1. Die Lauchzwiebeln waschen und trocknen. Die Wurzel abschneiden und aus dem unteren Ende der Lauchzwiebeln jeweils zehn bis zwölf lange Stücke abschneiden und diese auf einem Teller mit Olivenöl bestreichen.

2. Die grünen Enden der Lauchzwiebeln in Ringe schneiden. Den Schnittlauch in feine Ringe schneiden.

3. Den Gorgonzola entrinden und in 1–2 cm große Würfel schneiden. Diese in die Aluschale geben, Milch und Sahne dazugeben, mit Salz und Pfeffer würzen und die Aluschale bei mittlerer indirekter Hitze (ca. 140 °C) langsam schmelzen lassen. Gelegentlich umrühren.

4. In der Zwischenzeit die eingeölten Lauchzwiebeln bei direkter mittlerer Hitze (ca. 140 °C) ca. 4–6 Minuten grillen, dabei ab und zu wenden, damit die Stangen ein gleichmäßiges Grillmuster erhalten.

5. Kurz vor dem Servieren den Schnittlauch und die Lauchzwiebelringe unter den geschmolzenen Gorgonzola mischen und verrühren.

6. Die gegrillten Lauchzwiebeln auf Tellern anrichten, darüber die Gorgonzolasauce geben.

Wer es noch cremiger mag, verwendet Sahnejoghurt statt Sahne.

VORBEREITUNG: 10 MIN. **MARINIERZEIT:** 2 STD. **GRILLZEIT:** 10 MIN. **METHODE:** DIREKT

MARINIERTE AUBERGINEN

ZUTATEN FÜR 4–6 PERSONEN

2 Auberginen
4 EL Sojasauce
2 EL Honig
1 EL Tomatenmark
1 EL Senf
2 TL mildes Paprikapulver
1 gute Prise rosenscharfes
Paprikapulver
2 Knoblauchzehen
1 cm Ingwer

1. Sojasauce, Honig, Tomatenmark, Senf und Paprikapulver in einer Schüssel zu einer Marinade vermischen.

2. Den Knoblauch abziehen und in die Marinade pressen. Den Ingwer schälen und fein reiben, dann ebenfalls in die Marinade geben. Alles gründlich umrühren.

3. Die Auberginen waschen, dann der Länge nach in drei bis vier je 1,5–2 cm dicke Scheiben schneiden.

4. Die Auberginenscheiben in einen großen Gefrierbeutel oder eine Schüssel geben, mit der Marinade bedecken und für mindestens 2 Stunden in den Kühlschrank stellen. Nach 1 Stunde wenden, damit die Auberginenscheiben gleichmäßig mariniert werden.

5. Vor dem Grillen die Auberginenscheiben gut abtropfen lassen, evtl. mit etwas Küchenpapier abtupfen.

6. Den Grill für mittlere direkte Hitze vorbereiten und die Auberginenscheiben von beiden Seiten je 4–5 Minuten grillen, bis sie weich geworden sind und ein schönes Grillmuster angenommen haben.

Mit einer Prise Fleur de Sel oder Zaziki servieren!

VORBEREITUNG: 10 MIN.   **GRILLZEIT:** 15 MIN.   **METHODE:** DIREKT

DRILLINGE *unter der Eiweißkruste*

ZUTATEN FÜR 4 PERSONEN

16 Drillinge oder kleine Kartoffeln
8 Lorbeerblätter
2 kg grobes Meersalz
3 Eiweiß
100 ml Wasser

1. Für die Salzkruste das Eiweiß mit dem Mixer kräftig aufschlagen und mit Wasser und Salz gut vermischen.

2. Die Lorbeerblätter der Länge nach halbieren. Anschließend die Drillinge bürsten und mit einem kleinen Schnitt versehen. Die Lorbeerblätter in die Schnitte stecken.

3. In eine Aluschale einen Teil der Eiweiß-Salz-Mischung geben und die Drillinge eng nebeneinander auf das Salz legen. Nun alles mit dem restlichen Salz bedecken.

4. Die Kartoffeln mit geschlossenem Grilldeckel 35–40 Minuten grillen.

5. Die Salzkruste anschließend mit einem harten Gegenstand aufbrechen und die Kartoffeln servieren.

Dazu passt sehr gut ein Quark mit Schalotten, Knoblauch, Salz, Pfeffern und frischen Kräutern.

VORBEREITUNG: 20 MIN. **MARINIERZEIT:** 1 STD. **GRILLZEIT:** 6–8 MIN. **METHODE:** DIREKT

GEGRILLTER FENCHEL *mit Orangen*

ZUTATEN FÜR 4 PERSONEN

4 Fenchelknollen
2 Orangen
1 rote Zwiebel
4 EL Olivenöl
2 EL Balsamico-Essig
3 Zweige Basilikum

1. Von den Fenchelknollen das Grün und die äußeren Blätter entfernen und die Knollen halbieren.

2. Den Saft einer Orange auspressen und mit dem Olivenöl und dem Balsamico-Essig vermischen. Die Basilikumblätter fein hacken und unter die Marinade mischen.

3. Die Fenchelknollen in eine flache Schüssel setzen, die Marinade darübergeben und 1 Stunde ziehen lassen.

4. In der Zwischenzeit von der zweiten Orange die Filets ausschneiden und zur Seite stellen.

5. Den Grill auf mittlere direkte Hitze (160–180 °C) vorbereiten, den Rost mit einer Bürste reinigen und die Fenchelknollen von beiden Seiten jeweils 3–4 Minuten grillen.

6. Den gegrillten Fenchel in einer Schale anrichten, die Orangenfilets zugeben und alles mit etwas von der restlichen Marinade vermischen.

GEMÜSE

Mind. 1 Stunde marinieren!

VORBEREITUNG: 15 MIN. **GRILLZEIT:** 9 MIN.

RADICCHIO *mit Ziegenkäse*

ZUTATEN FÜR 4 PERSONEN

1 länglicher Radicchio
4 Ziegenkäsetaler
4 EL Honig
2 EL Zitronensaft
Pfeffer aus der Mühle
Salz
Rapsöl
1 Zweig Thymian

1. Den Radicchio waschen, trocknen und das äußerste Blatt entfernen.

2. Den Radicchio längs vierteln und 1 cm des Inneren entfernen.

3. Honig und Zitronensaft mischen, mit Pfeffer und Salz würzen.

4. Den Grill für geringe direkte Hitze vorbereiten (ca. 120–140 °C), den Rost mit einer Grillbürste reinigen und mit etwas Rapsöl einölen und den Radicchio auf der Schnittfläche ca. 2 Minuten grillen.

5. Den Radicchio jetzt mit der Außenseite auf den Rost setzen, den Ziegenkäse auf die Schnittfläche legen und mit jeweils 1 EL Zitronenhonig beträufeln.

6. Wenn der Ziegenkäse ein wenig zerlaufen ist, den Radicchio anrichten, dafür jeweils einen kleinen Stängel Thymian auf den Ziegenkäse geben.

*Wem Ziegenkäse zu streng schmeckt,
der ersetzt ihn durch Mozzarella und
frische Oregano-Blätter.*

GEMÜSE

3 Std. marinieren!

VORBEREITUNG: 20 MIN. **MARINIERZEIT:** 3 STD. **GRILLZEIT:** 8 MIN. **METHODE:** DIREKT

GEMÜSESPIESSE *mit Halloumi*

ZUTATEN FÜR 4 PERSONEN

500 g Halloumi
2 Zucchini
1 rote Paprika
1 gelbe Paprika
1 Aubergine
2 rote Zwiebeln
4 EL Rapsöl
2 EL Apfelessig
1 EL Sesamsamen
1 TL Chiliflocken
Salat nach Wahl
Holzspieße, mindestens
1 Stunde gewässert

1. Halloumikäse, Zucchini und Auberginen in jeweils 2 cm große Stücke/Würfel schneiden.

2. Die roten Zwiebeln schälen und vierteln.

3. Paprika halbieren, entkernen und in 2 cm große Stücke schneiden.

4. Alle Zutaten abwechselnd auf die Spieße stecken.

5. In einer Schüssel Öl, Essig, Sesamsamen und Chiliflocken vermischen, über die Spieße geben, mit Frischhaltefolie abdecken und mindestens 3 Stunden kalt stellen.

6. Den Grill auf 160–180 ˚C direkte Hitze vorbereiten. Grillrost mit einer Bürste gründlich reinigen.

7. Die Spieße von jeder Seite ca. 2 Minuten grillen. Zum Anrichten mit der restlichen Marinade beträufeln.

Gemüse und Halloumi in möglichst gleichmäßig große Stücke schneiden, damit alles gleichmäßig braun wird.

VORBEREITUNG: 20 MIN.   GRILLZEIT: 15 MIN.   METHODE: DIREKT

ZUCCHINI-FETA-PÄCKCHEN

ZUTATEN FÜR 4 PERSONEN

2 Zucchini
50 ml Olivenöl
Salz
Pfeffer aus der Mühle
300 g Feta
2 Knoblauchzehen
2 Zweige Rosmarin
2 Stängel Petersilie
2 Zweige Thymian
2 Zweige Bärlauch
2 EL Cashewnüsse

1. Mit einem langen Messer oder einer Schneidemaschine aus den Zucchini acht gleichmäßige, ca. 3–4 mm dicke Scheiben schneiden und mit etwas Olivenöl bestreichen.

2. Den Feta in ca. 2 cm lange, 2 cm breite und 1 cm hohe Würfel schneiden.

3. Die Kräuter fein hacken, ebenso die Cashewnüsse. Alles mit dem restlichen Olivenöl vermischen, mit Pfeffer und Salz würzen und etwas ziehen lassen.

4. Die Zucchinischeiben auf dem Grill bei ca. 180 °C direkter Hitze ohne Deckel von einer Seite angrillen, bis die Scheiben ein schönes Grillmuster haben.

5. Jeweils zwei Zucchinischeiben zu einem Kreuz übereinanderlegen. Den Feta mit einem Teil der Marinade in die Mitte des „Kreuzes" geben.

6. Die Seiten der Zucchinischeiben einschlagen und mit Zahnstochern fixieren.

7. Die Zucchinipäckchen bei 160 °C indirekter Hitze und geschlossenem Deckel auf den Grill setzen. Ca. 10–15 Minuten grillen, bis der Feta anfängt zu schmelzen.

8. Die Zucchinipäckchen anrichten und mit etwas von der restlichen Marinade beträufeln.

Die Zucchini-Feta-Päckchen lassen sich auch gut auf einer gewässerten Holzplanke zubereiten und bekommen so ein zusätzliches leichtes Raucharoma.

GEMÜSE

VORBEREITUNG: 10 MIN.   **GRILLZEIT:** 15 MIN.   **METHODE:** DIREKT

KARTOFFEL-BACON-SPIESSE

ZUTATEN FÜR 4 PERSONEN

14 kleine Kartoffeln, z. B. Bamberger
Hörnchen oder La Ratte
2 große rote Zwiebeln
8 Scheiben Bacon
4 Holzspieße, mindestens
30 Minuten gewässert

1. Die Kartoffeln gründlich waschen, mit Küchenkrepp trocknen und längs halbieren.

2. Die roten Zwiebeln schälen, vierteln und die Zwiebellagen trennen.

3. Die Baconscheiben in je sechs gleich große Stücke schneiden.

4. Die Spieße wie folgt bestücken: Kartoffel, Zwiebel, zwei Stücke Bacon, Zwiebel – das Ganze noch fünfmal wiederholen und mit einem Kartoffelstück abschließen.

5. Den Grill auf mittlere direkte Hitze (ca. 150–160 °C) vorbereiten und die Spieße von allen Seiten gleichmäßig 12–15 Minuten grillen. Sollten die Holzspieße doch anfangen zu glühen oder anzubrennen, um die Enden etwas Alufolie wickeln.

Für Vegetarier wird der Bacon durch Champignons oder Shiitake-Pilze ersetzt.

Beilagen

Was wären Fleisch und Fisch ohne eine leckere Beilage? Hier finden Sie abwechslungsreiche Alternativen zur klassischen Folienkartoffel, außerdem Rezepte für gegrillten Romanasalat oder Spargel im Parmaschinkenmantel.

VORBEREITUNG: 15 MIN. **MARINIERZEIT:** 1 STD. **GRILLZEIT:** 6–8 MIN. **METHODE:** DIREKT

GEGRILLTER SPARGEL
im Parmaschinken-Mantel

ZUTATEN FÜR 4 PERSONEN

12 Stangen grüner Spargel
12 Scheiben Parmaschinken
3 EL gemischte Nüsse
3 EL gutes Olivenöl
3 Zweige Thymian
1 Knoblauchzehe

1. Die Nussmischung grob hacken. Die Knoblauchzehe schälen und fein hacken, die Thymian-Blätter abzupfen. Alles zusammen mit dem Olivenöl in eine Schüssel oder Aluschale geben.

2. Den grünen Spargel waschen, den unteren Teil schälen und die holzigen Enden abschneiden.

3. Den geschälten Spargel zu der Nuss-Knoblauch-Olivenöl-Marinade geben, den Spargel darin wenden und dann für 1 Stunde bei Zimmertemperatur marinieren.

4. Den Spargel aus der Marinade nehmen, abtropfen lassen und noch die Nüsse entfernen. Die Marinade aufheben.

5. Jede Spargelstange mit einer Scheibe Parmaschinken schräg einrollen, sodass die Spargelstangen bis auf die Spargelspitzen komplett bedeckt sind.

6. Die Spargelstangen bei ca. 180–200 °C direkter Hitze 6–8 Minuten grillen, dabei mehrmals wenden, damit der Parmaschinken von allen Seiten schön knusprig wird.

7. Den gegrillten Spargel auf Tellern anrichten und mit etwas Nuss-Marinade beträufeln.

Nüsse durch ganz fein gehackte Chilischoten und eine ausgedrückte Bio-Zitrone ersetzen – das gibt dem Spargel noch mehr Pepp!

VORBEREITUNG: 40 MIN. **GRILLZEIT:** 10 MIN. **METHODE:** INDIREKT

GRATINIERTE GRILLKARTOFFELN

ZUTATEN FÜR 4 PERSONEN

*4 mittelgroße Kartoffeln,
möglichst mehlig
1 Schalotte
2 Scheiben Bacon
1/4 Bund Schnittlauch
Salz
2 EL Rapsöl
Pfeffer aus der Mühle
1 Spritzbeutel*

1. Die ungeschälten Kartoffeln ca. 20 Minuten in Salzwasser gar kochen.

2. In der Zwischenzeit die Schalotte abziehen und fein würfeln, den Bacon in feine Würfel schneiden und alles in einer Pfanne mit Rapsöl anbraten, von der Flamme nehmen und abkühlen lassen.

3. Die gekochten und abgekühlten Kartoffeln mit einem Messer der Länge nach halbieren. Mit einem Teelöffel die Kartoffeln vorsichtig aushöhlen, dabei einen Rand von 2–3 mm lassen.

4. Die Kartoffelmasse mit der Bacon-Zwiebel-Masse vermischen.

5. Den Schnittlauch in feine Röllchen schneiden und ebenfalls unter die Masse mischen.

6. Die Kartoffelmasse in einen Spritzbeutel füllen und zurück in die ausgehöhlten Kartoffeln spritzen.

7. Den Grill auf 200–220 °C indirekte Hitze vorbereiten, die Kartoffeln auf den gereinigten Rost setzen und ca. 10 Minuten grillen, bis die Kartoffelmasse schön Farbe angenommen hat.

*Für Vegetarier den Bacon durch Kräuter
wie Petersilie und Thymian ersetzen und
2 TL fein geriebenen Parmesankäse unter
die Kartoffelmasse heben.*

BEILAGEN

Aussen knusprig, innen gesund: die perfekte Beilage für Salatmuffel.

VORBEREITUNG: 10 MIN.   **GRILLZEIT:** 8–12 MIN.   **METHODE:** DIREKT

ROMANASALAT
im Baconmantel

ZUTATEN FÜR 4 PERSONEN
2 längliche Romana-Salatherzen
16 Scheiben Bacon
Rapsöl
grobes Meersalz
Alufolie

1. Die Romana-Salatherzen waschen, trocknen und längs halbieren.

2. Die halbierten Salatherzen jeweils mit vier Scheiben Bacon fest umwickeln.

3. Die frei gebliebenen Enden des Salates mit Alufolie umwickeln, damit sie auf dem Rost nicht verbrennen.

4. Den Grill auf geringe direkte Hitze (ca. 120–140 °C) vorbereiten, den Rost mit einer Bürste reinigen und mit etwas Rapsöl bestreichen. Die Salatherzen von allen Seiten jeweils 4–6 Minuten grillen, der Bacon sollte schön knusprig sein.

5. Vor dem Anrichten die Alufolie entfernen und auf die Salatspitzen etwas grobes Meersalz geben.

Wem Bacon zu fett ist, der nimmt stattdessen Parma- oder Serranoschinken und halbiert die Grillzeit.

VORBEREITUNG: 15 MIN.   **GRILLZEIT:** 45–60 MIN.   **METHODE:** INDIREKT

FÄCHERKARTOFFELN

ZUTATEN
Pro Person eine mitttelgroße, vorwiegend festkochende Kartoffel
4 EL gutes Olivenöl
8 Scheiben Bacon
1 Grillschale
Olivenöl

1. Die Kartoffeln gründlich waschen. Die Kartoffeln am besten auf einen großen Kochlöffel legen und in kleinen Abständen einschneiden, aber nicht ganz durchschneiden. Sie sollten an der Unterseite noch zusammenhängen.

2. Die Kartoffeln vorsichtig auseinanderdrücken. Den Bacon in kartoffelbreite Stücke schneiden.

3. Die Kartoffeln in eine Grillschale legen, in jede Spalte ein Stück Bacon geben und mit etwas Olivenöl beträufeln.

4. Die Grillkartoffeln mit der Schale in den Grill setzen und bei 150 °C indirekter Hitze 1 Stunde grillen, bis die Kartoffeln weich und der Bacon knusprig ist.

BEILAGEN

VORBEREITUNG: 10 MIN.   GRILLZEIT: 15 MIN.   METHODE: DIREKT

GEFÜLLTE RIESEN-CHAMPIGNONS

ZUTATEN FÜR 10 STÜCK

10 Portobello-Pilze (Riesenchampignons)
100 g Frischkäse
2 EL Olivenöl
1 EL flüssiger Honig
2 Zweige Thymian
1/4 Bund Petersilie
1/4 Bund Schnittlauch
4 EL geriebener Edamer
Pfeffer aus der Mühle
Salz

1. Die Kräuter waschen, trocken schütteln. Thymian und Petersilie zupfen und fein hacken, den Schnittlauch in schmale Ringe schneiden.

2. Die Kräuter mit dem Frischkäse, Olivenöl und Honig vermischen.

3. Die Stiele aus den Portobello-Pilzen herausdrehen.

4. Die Pilze mit der Frischkäsemischung füllen.

5. Die gefüllten Pilze mit jeweils einem Esslöffel geriebenem Edamer bedecken.

6. Die Pilze im Grill bei 200 °C direkter Hitze ca. 15 Minuten bei geschlossenem Deckel grillen, bis der Edamer zerlaufen ist und etwas Farbe angenommen hat.

Frische Champignons und andere Speisepilze werden nur trocken geputzt. Erdreste kann man mit einem Pinsel oder einer weichen Pilzbürste entfernen.

VORBEREITUNG: 15 MIN.   GRILLZEIT: 6–8 MIN.   METHODE: DIREKT

BACON-CHEESE-PAPRIKA

ZUTATEN FÜR 4 PERSONEN

8 Mini-Paprika
100 g mittelalter Gouda
8 Scheiben Bacon
8 Zahnstocher (mindestens 30 Minuten gewässert)

1. Von den acht Mini-Paprika den Deckel abschneiden, den Stängel herausschneiden und die Mini-Paprika entkernen.

2. Den Gouda in kleine Würfel schneiden und jede Mini-Paprika mit dem Käse füllen.

3. Den Paprika-Deckel wieder aufsetzen und jede Paprika mit einer Scheibe Bacon längs ummanteln. Mit einem Zahnstocher fixieren.

4. Die Paprika bei 200 °C direkter Hitze so lange grillen, bis der Bacon auf beiden Seiten schön kross ist. Sofort servieren, damit der Käse im Inneren noch flüssig ist.

VORBEREITUNG: 20 MIN. GRILLZEIT: 10 MIN. METHODE: DIREKT

GEGRILLTE MAISKOLBEN
mit Honigbutter

ZUTATEN FÜR 4 PERSONEN

4 Maiskolben
150 g Butter
3 EL Akazienhonig
1/2 TL Salz

1. Die Maiskolben in leicht gesalzenem Wasser ca. 15 Minuten kochen. Herausnehmen und mit Küchenkrepp trocken tupfen.

2. Die Butter mit Honig und Salz in einem Topf zerlassen. Vorsicht: Die Butter darf nicht braun werden.

3. Die Maiskolben mit der Honigbutter von allen Seiten bestreichen.

4. Den Grill für 180–200 °C direkte Hitze vorbereiten. Grillrost mit einer Bürste reinigen.

5. Die Maiskolben für insgesamt 10 Minuten grillen, dabei mehrmals wenden und mit der Honigbutter bestreichen.

Ersetzen Sie den Honig durch frisch gehackte Kräuter und pinseln Sie den Maiskolben erst am Ende damit ein: sehr herzhaft!

VORBEREITUNG: 15 MIN. GRILLZEIT: 15 MIN. METHODE: DIREKT

CHILI-SÜSSKARTOFFEL-POMMES

ZUTATEN FÜR 4–6 PERSONEN

1 kg Süßkartoffeln
4 EL Rapsöl
2 EL grobes Meersalz
2 EL Chiliflocken
1 TL gehackter Knoblauch
1 Grillschale (wichtig: mit Löchern am Boden)

1. Die Süßkartoffeln schälen und in 1,5 cm breite und 6–8 cm lange Stifte schneiden.

2. Die Süßkartoffeln in eine große Schüssel geben, das Rapsöl und die Gewürze dazugeben, alles ordentlich durchmischen und 15 Minuten ziehen lassen.

3. Den Grill auf 180–200 °C direkte Hitze vorheizen.

4. Die Süßkartoffel-Sticks in eine Grillschale geben, ca. 15 Minuten grillen, dabei zwei- bis dreimal wenden.

5. Süßkartoffeln mit etwas Meersalz würzen und servieren.

VORBEREITUNG: 15 MIN.   **GRILLZEIT:** 10 MIN.   **METHODE:** DIREKT

CAPRESE
von der Zedernholzplanke

ZUTATEN FÜR 4 PERSONEN

12 Rispentomaten
12 Mini-Mozzarella-Kugeln
16 TL Basilikum-Pesto
(siehe Rezept Pesto Genovese auf Seite 197)
1 Zedernholzplanke, mindestens eine Stunde gewässert

1. Von den Rispentomaten unten die Rundung schmal abschneiden, damit die Tomaten stehen können.

2. Oben den Deckel aufschneiden und die Tomaten mit einem Ausstecher oder Teelöffel ungefähr zur Hälfte aushöhlen.

3. In jede Tomate ca. 1 TL Pesto geben.

4. Das restliche Pesto auf einen Teller geben und die Mozzarella-Kugeln darin wälzen.

5. Den Pesto-Mozzarella auf die ausgehöhlten Tomaten geben und die Tomaten auf die gewässerte Zedernholzplanke setzen.

6. Den Grill für mittlere direkte Hitze vorbereiten (160–180 °C) und die Caprese-Tomaten mit der Zedernholzplanke in den Grill geben. Der Rauch der Zedernholzplanke gibt dem Gericht ein leichtes Raucharoma.

7. Die Caprese-Tomaten so lange grillen, bis der Mozzarella verlaufen ist und auf der Planke servieren.

Vor dem Servieren die Tomaten unbedingt 5 Minuten abkühlen lassen. Der Mozzarella und die Tomaten sind sehr heiß und man kann sich leicht Gaumen und Zunge verbrennen!

BEILAGEN

Übrigens auch ein super Topping für den Pulled-Pork-Burger!

VORBEREITUNG: 30 MIN.   MARINIERZEIT: MINDESTENS 1 STD.

SELLERIE-SLAW

ZUTATEN FÜR 4 PERSONEN

4 Stangen Staudensellerie
2 große grüne Äpfel, z. B. Granny Smith
1 Fenchelknolle
Saft einer 1/2 Limette
1/4 Bund glatte Petersilie
1 TL Zucker
3 EL Apfelessig
3 EL Olivenöl
Meersalz

1. Sellerie waschen, trocken tupfen und in sehr feine Scheiben schneiden oder hobeln.

2. Vom Fenchel das Grün abschneiden und beiseitestellen. Den Fenchel ebenfalls in feine Streifen hobeln.

3. Die Äpfel gründlich waschen und mit Schale in feine Scheiben schneiden.

4. Öl, Apfelessig, Zucker und Limettensaft mischen und über das gehobelte Obst und Gemüse geben, gründlich durchmischen.

5. Petersilie und Fenchelgrün fein hacken und unter das Sellerie-Slaw mischen. Vor dem Servieren mindestens 1 Stunde ziehen lassen, am Schluss mit Salz und Pfeffer abschmecken.

VORBEREITUNG: 20 MIN.   GRILLZEIT: 40 MIN.   METHODE: INDIREKT

GEFÜLLTE ZWIEBELN

ZUTATEN FÜR 4 PERSONEN

1 kleine Zwiebel und 2 große Zwiebeln
500 g Rinderhackfleisch
8 Scheiben Bacon
1/2 Bund Petersilie
100 g Champignons
1 TL Zucker
1 TL Chili-Ketchup
300 ml BBQ-Sauce nach Wahl
Pfeffer
Salz

1. Die kleine Zwiebel abziehen und fein würfeln. Die Champignons putzen und in kleine Würfel schneiden.

2. Die Petersilie waschen, trocken schütteln, die Blätter abzupfen und fein hacken.

3. Das Rinderhack in eine Schüssel geben, zusammen mit Zwiebeln, Petersilie, Champignons, Zucker und Chili-Ketchup vermischen. Mit Pfeffer und Salz abschmecken.

4. Die beiden großen Zwiebeln abziehen, längs halbieren und die einzelnen Schichten der Zwiebel vorsichtig lösen.

5. Aus dem Rinderhackfleisch Bälle formen, diese jeweils zwischen zwei Zwiebelhälften legen und die Zwiebelhälften andrücken, sodass eine Kugel entsteht.

6. Jede Zwiebelkugel längs und quer mit einer Scheibe Bacon umwickeln.

7. Den Grill auf 140–160 °C indirekte Hitze vorbereiten, die Zwiebelkugeln dann 40 Minuten grillen.

8. In den letzten 15 Minuten die Zwiebelkugeln alle 5 Minuten mit BBQ-Sauce einpinseln.

Muss über Nacht in den Kühlschrank

VORBEREITUNG: 30 MIN. **RUHEZEIT:** 10 STD. **GRILLZEIT:** 15–20 MIN. **METHODE:** DIREKT / INDIREKT

Geräuchertes KARTOFFELPÜREE von der Zedernholzplanke

ZUTATEN FÜR 4 PERSONEN

500 g große mehlige Kartoffeln
1 TL Salz
75 g weiche Butter
50 g fein gehackte Petersilie
Salz
Pfeffer aus der Mühle
1 Zedernholzplanke, mindestens
1 Stunde gewässert

1. Die Kartoffeln schälen, vierteln, in einen großen Kochtopf geben und vollständig mit kaltem Wasser bedecken.

2. Das Wasser zum Kochen bringen, 30 g Salz hinzufügen und die Kartoffeln 15 Minuten lang weich kochen. Abgießen und 15 Minuten stehen lassen, damit die Kartoffeln gut ausdampfen und abtrocknen.

3. Die Kartoffeln durch eine Kartoffelpresse drücken.

4. Die Butter und die Petersilie zugeben und je nach Geschmack mit Salz und Pfeffer würzen. Kartoffelpüree abdecken und über Nacht in den Kühlschrank stellen.

5. Den Grill auf 160 °C direkte und indirekte Hitze vorheizen.

6. Das Kartoffelpüree auf der Holzplanke gleichmäßig verteilen oder in Portionsringe setzen.

7. Die Zedernholzplanke über die direkte Hitze im Grill geben und so lange über der Flamme lassen, bis die Holzplanke Rauch entwickelt. Jetzt in die indirekte Zone des Grills ziehen und dort 15–20 Minuten bei geschlossenem Deckel grillen, bis das Kartoffelpüree goldbraun ist.

Verwenden Sie für das Püree doch einmal lilafarbene Kartoffeln (Vitelotte). Ihre Gäste werden Augen machen!

Desserts

Kein Menü ohne süßen Abschluss – das gilt natürlich auch für die Grillparty. Hier erfahren Sie, wie Sie Ihre Gäste mit Eis vom Grill, mit Obst gefüllten Tramezzinis sowie ofenwarmen Kuchen oder aromatisiertem Käse überraschen.

MICHAS TIPPS FÜR DAS GRILLEN VON

Desserts

Krönen Sie Ihr Grillmenü mit einem Dessert vom Rost!
Die einfachste und schnellste Dessertvariante, die wirklich jedem
auf dem Grill gelingt: Obst! Ob als ganze oder halbierte Frucht,
als süß-bunter Spieß, in Honig mariniert oder mit Zucker bestreut,
der dann über der Glut karamellisiert: Es geht einfach, schnell und die
einzige Schwierigkeit besteht darin, den richtigen Zeitpunkt nicht zu
verpassen, an dem das Obst vom Rost muss, damit es nicht austrocknet
oder gar verkohlt, sondern nur ein schönes Grillmuster bekommt.
Zusammen mit einer Kugel Eis und etwas Sahne dekorativ angerichtet –
fertig ist das leckere Dessert.

Welches Obst wie lange gegrillt werden muss, lesen Sie hier:

OBST	GRÖSSE	TEMPERATUR	DAUER
ANANAS	in Scheiben geschnitten	160–180 °C	8–10 Min.
APFEL	halbiert, ohne Gehäuse	160–180 °C	15–18 Min.
BANANE	halbiert, mit Schale	160–180 °C	Schnittfläche: 1 Min.
			Schale: 5 Min.
BIRNE	halbiert, ohne Gehäuse	160–180 °C	10–12 Min.
ERDBEERE	halbiert	160–180 °C	Schnittfläche: 2–3 Min.
NEKTARINE	halbiert, ohne Stein	160–180 °C	Schnittfläche: 8–10 Min.
PFIRSICH	halbiert, geschält, entsteint	160–180 °C	Schnittfläche: 8–10 Min.
WASSERMELONE	in Scheiben	280–300 °C	1 Min. von jeder Seite

Sie haben einen Grill mit Deckel? Dann bereiten Sie Ihren Grill für indirektes Grillen vor (bei Holzkohle nur eine Hälfte des Grills befeuern, bei Gas nur die Hälfte der Brenner zünden) und schon können Sie Ihren Grill wie einen Backofen nutzen. Muffins, Tartes, Obstkuchen – Ihrer Fantasie sind keine Grenzen gesetzt!

VORBEREITUNG: 20 MIN. **GRILLZEIT:** 6 MIN.

GORGONZOLA-BIRNEN
mit Walnüssen

ZUTATEN FÜR 4 PERSONEN

2 große Birnen
100 ml Weißwein
100 ml Birnensaft
20 g brauner Zucker
2 EL Honig
1 Vanilleschote
150 g Gorgonzola
50 g Walnusskerne
1 Zedernholzplanke, mindestens
1 Stunde gewässert

1. Die Birnen waschen, mit Küchenkrepp trocknen, entkernen und halbieren. An den Seiten jeweils ein kleines Stück abschneiden, damit die Birne später gerade auf dem Brett steht.

2. Weißwein, Birnensaft, Zucker und Honig in einem breiten Topf aufkochen, Vanilleschote aufschneiden, das Mark und die Schote mitkochen.

3. Die Birnenhälften dazugeben und für 10 Minuten mitkochen lassen.

4. In der Zwischenzeit den Gorgonzola entrinden und grob in Würfel teilen.

5. Die Walnüsse grob hacken, eine Seite des Grills auf 180 °C direkte Hitze vorheizen.

6. Die Birnenhälften auf die Zedernholzplanke setzen, Käse und Nüsse auf ihnen verteilen.

7. Die Zedernholzplanke so lange über der Flamme in den Grill setzen, bis sie qualmt.

8. Dann die Zedernholzplanke in die indirekte Zone des Grills ziehen und die Birnen bei geschlossenem Deckel 5–6 Minuten grillen. Sofort heiß servieren.

Runden Sie den Nachtisch mit einem Dessertwein ab, zum Beispiel einer Trockenbeerenauslese.

DESSERTS

VORBEREITUNG: 20 MIN.   **GRILLZEIT:** 13 MIN.   **METHODE:** INDIREKT

Halbflüssiges
SCHOKOTÖRTCHEN

ZUTATEN FÜR 12 KLEINE TÖRTCHEN

300 g Zartbitterschokolade,
mindestens 80 % Kakao
200 ml Olivenöl
8 EL Zucker
6 Eier
150 g Puderzucker
100 g Mehl

1. Zwölf Förmchen (je ca. 150 ml) mit Olivenöl ausstreichen und mit etwas Zucker dünn und gleichmäßig ausstreuen.

2. Die Schokolade zerkleinern und über einem heißen Wasserbad flüssig werden lassen.

3. Das restliche Olivenöl in eine Rührschüssel geben, die Eier nacheinander zugeben und jeweils 30 Sekunden mit den Quirlen eines Handmixers unterrühren.

4. Erst Puderzucker, dann Mehl und schließlich Schokolade unterheben.

5. Den Teig in die Förmchen füllen, bei 200 °C indirekter Hitze im Grill 13 Minuten backen.

Stecken Sie vor dem Backen ein Stück weiße Schokolade mit in das Förmchen. Das sieht später beim Aufschneiden auf dem Teller toll aus.

DESSERTS

VORBEREITUNG: 20 MIN. **GRILLZEIT:** 8–10 MIN.

MARZIPAN-BRATAPFEL

ZUTATEN FÜR 4 PERSONEN

4 Äpfel
200 g Marzipan-Rohmasse
75 g gehackte Mandeln
50 g Rosinen
60 g Butterschmalz
Puderzucker zum Bestreuen
Vanillesauce

1. Die Äpfel waschen, entkernen und mit einem Teelöffel etwas aushöhlen, aber nicht zu viel Fruchtfleisch entfernen.

2. In einer Küchenmaschine oder mit dem Mixer die Marzipanrohmasse, den Saft einer Zitrone und das Butterschmalz zu einer homogenen Masse vermischen, dann Mandeln und Rosinen unterheben.

3. Die Äpfel mit der Marzipanmasse füllen.

4. Die Äpfel bei 220–240 °C indirekter Hitze für 20–25 Minuten grillen.

5. Mit etwas Puderzucker bestreuen und mit Vanillesauce servieren.

Verwenden Sie Persipan statt Marzipan, dann schmeckt der Bratapfel nicht ganz so süß.

VORBEREITUNG: 5 MIN. **GRILLZEIT:** 5 MIN. **METHODE:** INDIREKT

SCHOKO-BANANEN

ZUTATEN FÜR 4 PERSONEN

4 Bananen
1 Tafel Zartbitterschokolade
1 Zitrone

1. Von den Bananen eine Hälfte der Schale abnehmen, das Fruchtfleisch längs einschneiden und mit etwas Zitronensaft beträufeln.

2. Die Schokoladentafel in Stücke brechen und die Bananen damit befüllen.

3. Die Bananen mit der Hautseite nach unten auf den gereinigten Grillrost legen und bei mittlerer Hitze langsam backen und die Schokolade leicht schmelzen lassen.

4. Nach Belieben mit Vanilleeis oder frisch geschlagener Sahne servieren.

VORBEREITUNG: 15 MIN.   **GRILLZEIT:** 18–20 MIN.   **METHODE:** INDIREKT

GEGRILLTE APFELTASCHEN

FÜR 8 STÜCK

*1 Packung Filo-Teig
(aus dem Kühlregal)
3 Granny Smith Äpfel
1 Zitrone
1 EL Rosinen
100 g Butter
100 g brauner Zucker
Rapsöl
Puderzucker*

1. Die Äpfel schälen, vierteln, entkernen und in 1 cm große Würfel schneiden.

2. In einem Topf die Hälfte der Butter schmelzen, die Äpfel darin andünsten. Den Saft einer Zitrone auspressen und zu den Äpfeln geben, den Zucker einstreuen und alles leicht karamellisieren lassen. Dann die Rosinen untermischen.

3. Die andere Hälfte der Butter zerlassen.

4. Jeweils eine Lage Filo-Teig auslegen und mit der Butter bepinseln.

5. 3 EL der Äpfel in die Mitte des Teigs setzen und den Teig erst der Länge nach und dann quer zusammenfalten.

6. Den Grill auf 180–200 °C indirekte Hitze vorbereiten. Den Grillrost mit einer Bürste reinigen und etwas einölen. Die Apfeltaschen mit der zugeklappten Seite auf den Rost setzen und ca. 18–20 Minuten grillen.

7. Vor dem Anrichten mit etwas Puderzucker bestreuen.

Mit Vanilleeis und Vanillesauce servieren.

VORBEREITUNG: 15 MIN.   **MARINIERZEIT:** 15 MIN.   **GRILLZEIT:** 6–10 MIN.   **METHODE:** DIREKT

OBST-SPIESSE
mit warmer Schokolade

ZUTATEN FÜR 4 PERSONEN

1/2 Ananas
2 Bananen
8 Aprikosen
8 Pflaumen
(oder jedes andere Obst
nach Wunsch)
50 ml Honig
20 ml Zitronensaft
10 Minzblätter
Holzspieße
Rapsöl
100 g dunkle Schokolade
(mind. 75 % Kakaoanteil)

1. Pflaumen und Aprikosen waschen, trocknen, vierteln und entkernen.

2. Die Ananas in ca. 2 cm große Würfel schneiden.

3. Die Bananen schälen und in 2 cm breite Stücke schneiden.

4. Das Obst auf die Holzspieße stecken und in eine flache Schale geben.

5. Die Minzblätter fein hacken, mit Honig und Zitronensaft vermischen.

6. Die Obstspieße mit der Marinade bestreichen und 15 Minuten ziehen lassen. In der Zeit die Schokolade zerkleinern und in einem Topf über einem heißen Wasserbad langsam schmelzen.

7. Den Grill auf mittlere direkte Hitze vorbereiten. Den Rost mit einer Bürste gründlich reinigen und mit etwas Öl bepinseln. Die Obstspieße von beiden Seiten jeweils 3–5 Minuten grillen, bis sie ein leichtes Grillmuster haben.

8. Die Obstspieße anrichten und mit der flüssigen Schokolade dekorieren.

Obststücke möglichst gleich groß schneiden, damit der Spieß überall ein gleichmäßiges Grillmuster bekommt.

DESSERTS

VORBEREITUNG: 30 MIN.   **GRILLZEIT:** 4 MIN.   **METHODE:** DIREKT

ERDBEER-TRAMEZZINI

ZUTATEN FÜR 4 STÜCK

4 Scheiben Tramezzini
(alternativ Toastbrot)
400 g Erdbeeren
150 g Quark
2 Eier
2 TL weißer Zucker
8 EL brauner Zucker

1. Die Erdbeeren waschen und in einem Sieb abtropfen lassen.

2. Mit einem scharfen Messer die Kelchblätter aus den Früchte heraus-schneiden, dann die Erdbeeren vierteln. Wichtig: Kelchblätter immer erst nach dem Waschen von den Erdbeeren entfernen, damit die Früchte sich nicht mit Wasser vollsaugen und so der Geschmack ver-wässert.

3. Die Hälfte der Erdbeeren mit 1 TL Zucker bestreuen und ziehen lassen.

4. Die restlichen Erdbeeren mit dem Quark und 1 TL Zucker in eine Schüssel geben und mit dem Stabmixer pürieren.

5. Die Erdbeermasse mit einem Messer auf die Tramezzini streichen, anschließend auf das vordere Viertel die gezuckerten Erdbeeren aufle-gen. Wer Toast verwendet: Toast entrinden und mit einem Nudelholz so platt wie möglich ausrollen.

6. Die Erdbeer-Tramezzini zusammenrollen. Die Eier in einer Schüssel zerschlagen, den Zucker in einen tiefen Teller oder eine Schüssel ge-ben.

7. Die Rollen erst gleichmäßig in Ei, dann in braunem Zucker wälzen.

8. Den Grill auf mittlere direkte Hitze (ca. 160–180 °C) vorbereiten und den Grillrost mit etwas Öl bestreichen. Die Erdbeer-Tramezzini von jeder Seite ca. 1 Minute grillen, bis sie ein schönes Grillmuster haben und sich leicht vom Rost lösen lassen.

Schmeckt auch mit Himbeeren oder Blaubeeren.

Der Party-Knaller!

VORBEREITUNG: 20 MIN. **MARINIERZEIT:** 1 STD. **GRILLZEIT:** 1–2 MIN. **METHODE:** INDIREKT

GEGRILLTES EIS *mit Ananas*

ZUTATEN FÜR 4–6 PERSONEN

1 frische Ananas
2 Orangen
6 cl Grand Marnier
4 Eiweiß
3 TL Puderzucker
1 TL Zitronensaft
4 Kugeln Vanilleeis

1. Die Ananas längs halbieren, die Blätter als Deko dranlassen.

2. Das Fruchtfleisch mit einem Messer herauslösen, den Strunk herausschneiden und Fruchtfleisch in 1 cm große Stücke schneiden.

3. Die Orangen schälen, die Filets herausschneiden und ebenfalls in Stücke teilen.

4. Das Obst mischen, mit Grand Marnier beträufeln und kurz aufkochen. Im Kühlschrank etwa 1 Stunde abkühlen und ziehen lassen.

5. Kurz vor dem Grillen mit dem Handmixer das Eiweiß steif schlagen, zum Schluss Puderzucker und Zitronensaft untermischen.

6. Die Früchte in die Ananashälften geben, die Eiskugeln darauf verteilen und die Ananas mit dem Eischnee komplett bedecken. Wer es besonders dekorativ machen möchte, nimmt dafür einen Spritzbeutel.

7. Im vorgeheizten Grill bei größtmöglicher Hitze 1–2 Minuten grillen, bis sich die Eischneespitzen hellbraun färben. Sofort servieren.

Der Trick besteht darin, dass der Eischnee durch die Hitze fest wird und eine wärmedämmende Wirkung entfaltet. Daher muss der Eischnee lückenlos aufgetragen werden. Ohne Grilldeckel wird dieses Dessert nicht gelingen.

VORBEREITUNG: 10 MIN. **MARINIERZEIT:** 10 STD. **GRILLZEIT:** 15 MIN. **METHODE:** INDIREKT

CAMEMBERT *mit mediterranen Kräutern*

ZUTATEN FÜR 4–6 PERSONEN

1 Camembert
4 Zweige Thymian
4 Zweige Oregano
4 Zweige glatte Petersilie
4 Lorbeerblätter
2 Zweige Rosmarin
Küchengarn
1 Frischhaltebeutel

1. Die Kräuter waschen und trocken schütteln, mit Küchenkrepp abtupfen.

2. Auf jede Seite des Camemberts die Kräuter auflegen und mit Küchengarn festbinden.

3. Den Camembert in einen Frischhaltebeutel geben, luftdicht verschließen und über Nacht in den Kühlschrank legen.

4. Vor dem Grillen den Camembert aus dem Frischhaltebeutel nehmen und die Kräuter mit einem nassen Küchenpapier etwas befeuchten.

5. Den Grill für 160–180 °C indirekte Hitze vorbereiten und den Camembert 15 Minuten grillen, dabei mehrmals wenden, damit die Kräuter nicht verbrennen.

6. Den Camembert vom Grill nehmen, Küchengarn entfernen und mit Baguette servieren.

Statt auf dem Rost lässt sich der Kräuter-Camembert auch auf einer gewässerten Holzplanke grillen und bekommt so ein zusätzliches Raucharoma.

DESSERTS

Dips, Rubs & Co.

Cola zum Fleisch, Kräuteröl zum Fisch und Chili-Orangen-Butter aufs Baguette – hier finden Sie Rezepte für Marinaden, Dips und selbst gemachte Gewürzmischungen, die Ihr Grillgut veredeln.

ÖL-WÜRZMARINADE

2 Zweige Rosmarin, 2 Zweige Thymian, 1 Bio-Zitrone, 2 Knoblauchzehen, 1 Chilischote, 500 ml Rapsöl

ZUBEREITUNG

1. Rosmarin und Thymian waschen und mit Küchenkrepp trocken tupfen.

2. Die Bio-Zitrone waschen, trocken tupfen und die Zitronenschale abreiben.

3. Die Chilischote in dünne Streifen schneiden.

4. Den Knoblauch schälen und ebenfalls in dünne Scheiben schneiden.

5. Alle Zutaten in einem großen Gefäß vermischen und 2 Tage ziehen lassen.

ZAZIKI

450 g griechischer Joghurt, 1/3 Salatgurke, 2 Knoblauchzehen, 2 EL Olivenöl, 2 Zweige Petersilie, Pfeffer aus der Mühle, Salz

ZUBEREITUNG

1. Die Gurke schälen, halbieren und die Kerne mit einem Teelöffel entfernen.

2. Die Gurke mit einer Reibe fein hobeln. Joghurt dazugeben, die Knoblauchzehen abziehen und in den Joghurt pressen.

3. Alles gründlich vermischen. Mit Pfeffer und Salz abschmecken und 1 Stunde im Kühlschrank ziehen lassen.

4. Zum Anrichten Zaziki in eine Schüssel geben, mit etwas Olivenöl, einer schwarzen Olive und fein gehackter Petersilie dekorieren.

PESTO GENOVESE

3 Töpfe mit frischem Basilikum, 50 g Pinienkerne, 1 Knoblauchzehe, 150 ml gutes Olivenöl, 100 g frisch geriebener Parmesankäse, Salz, Pfeffer aus der Mühle

ZUBEREITUNG

1. Die Pinienkerne in einer beschichteten Pfanne ohne Öl rösten, bis sie etwas Farbe angenommen haben.

2. In der Zwischenzeit das Basilikum zupfen und zusammen mit dem Parmesankäse und Pfeffer aus der Mühle in einen hohen Behälter geben.

3. Die gerösteten Pinienkerne zugeben und alles mit einem Stabmixer pürieren. Dabei nach und nach Olivenöl zugeben und das Ganze zu einer cremigen, aber nicht zu feinen Masse verarbeiten.

4. Da der Parmesankäse schon sehr salzig ist, nur vorsichtig mit Salz abschmecken.

CURRY-SAUCE

4 Schalotten, 3 Knoblauchzehen, 1 l Gemüsebrühe, 1 Glas Bio-Tomaten, püriert, 3 EL Tomatenmark, 1 Chilischote, fein gehackt, 200 g Zucker, 6 TL Paprikapulver edelsüß, 5 TL scharfes Currypulver, Salz, Pfeffer aus der Mühle, 6 EL Rapsöl

ZUBEREITUNG

1. Die Schalotten und die Knoblauchzehen abziehen und fein würfeln.

2. Die Paprika halbieren, entkernen und grob würfeln.

3. In einem Topf das Öl erhitzen, Knoblauch und Schalotten darin glasig anschwitzen.

4. Die Paprika dazugeben und ebenfalls anschwitzen, dann mit Gemüsebrühe ablöschen.

5. Die fein gehackte Chilischote, Tomaten, Tomatenmark, Zucker, Paprika- und Currypulver zugeben, aufkochen, Hitze reduzieren und alles um ein Drittel einkochen lassen.

6. Mit einem Stabmixer fein pürieren und noch einmal mit Salz und Pfeffer abschmecken.

ORANGEN-CHILI-BUTTER

250 g Butter, zimmerwarm,
1 Orange, 2 Chilischoten, 1/2 TL Salz

ZUBEREITUNG

1. Die weiche Butter in eine Schüssel geben und geschmeidig rühren.

2. Die Orange gründlich waschen und abtrocknen, dann die Schale vorsichtig abreiben. Wichtig: Niemals mehr als dreimal an derselben Stelle reiben!

3. Die Chilischoten entkernen und in möglichst kleine Stücke schneiden. Tipp: Handschuhe anziehen!

4. Orangenabrieb, Chilischoten und 1/2 TL Salz zu der Butter geben und alles gründlich miteinander verrühren.

5. Die Orangen-Chili-Butter in eine Schüssel geben und im Kühlschrank mindestens 2 Stunden durchkühlen lassen.

WHISKEY-BUTTER

250 g Butter, zimmerwarm,
1 Zwiebel, 1 Knoblauchzehe, 1 EL Honig,
3 EL Whiskey, 1/2 TL Salz,
Pfeffer aus der Mühle

ZUBEREITUNG

1. Zwiebel und Knoblauchzehe schälen und sehr fein hacken.

2. Die zimmerwarme Butter zusammen mit Zwiebeln und Knoblauch in eine Schüssel geben und mit einer Gabel durchmischen.

3. Honig und Whiskey dazugeben und gründlich durchmischen, mit Salz und Pfeffer abschmecken.

4. Die Whiskey-Butter in eine Schüssel umfüllen, glatt streichen und im Kühlschrank durchkühlen.

MICHAELS TANGY-BBQ-SAUCE

2 Zwiebeln, in Achtel geschnitten,
3 Knoblauchzehen, geschält und angedrückt, 1 l Orangensaft ohne Fruchtstücke, 1 l Tomatenketchup,
0,2 l Limettensaft, 0,2 l Weißwein-Essig,
250 g brauner Zucker, 1 TL Salz,
1 TL Pfeffer, 2 TL Senf, 2 TL Paprika,
1 TL Chiliflocken, 1 TL Chilipulver,
15 ml Tabasco, 2 TL Honig

ZUBEREITUNG

Alle Zutaten in einem Topf zum Kochen bringen und 30 Minuten bei kleiner Hitze köcheln lassen. Anschließend Sauce durch ein Sieb passieren – fertig. Wem es zu scharf sein sollte, der nimmt etwas mehr Honig oder lässt die Chiliflocken weg.

BBQ-SENF-SAUCE

100 ml Senf (mittelscharf), 100 ml Essig, 100 g Zucker, 100 g Honig, Salz, Pfeffer

ZUBEREITUNG

1. Senf, Essig, Honig und Zucker in einem Topf verrühren und aufkochen.

2. Bei kleiner Flamme 10 Minuten köcheln lassen und immer wieder umrühren.

3. Je nach Geschmack mit Pfeffer und Salz abschmecken.

4. Heiß servieren oder in ein Glas umfüllen, abkühlen lassen und luftdicht verschließen.

COLA-BBQ-SAUCE

1,5 l Cola (auf keinen Fall light oder zero), 750 ml Ketchup, 3 EL Standard BBQ-Rub, 4 EL brauner Zucker, 1 TL Cayennepfeffer, 2 EL mittelscharfer Senf, 1 EL Worcestersauce, 1 TL Tabasco, Saft einer frisch gepressten Bio-Zitrone

ZUBEREITUNG

1. Die Cola in einen großen Topf geben, vorsichtig aufkochen, Hitze reduzieren und die Cola ungefähr um die Hälfte einkochen lassen.

2. Ketchup und die restlichen Zutaten zur Cola geben und alles bei kleiner Hitze 1 Stunde köcheln lassen – fertig.

WISCONSIN-BBQ-SAUCE

50 ml Apfelessig, 1,6 kg Tomaten aus der Dose, 100 g brauner Zucker (oder 1 l Ketchup), 2 Zwiebeln, 1 Knoblauchzehe, ca. 5 cm Ingwerknolle, 1 TL Paprika edelsüß, 1 TL gemahlener Koriander, 1/2 TL Chiliflocken, Salz, Pfeffer, etwas Honig, 1/2–1 TL Red Arrow Sweet Mesquite-Raucharoma (nach Geschmack)

ZUBEREITUNG

1. Zwiebeln, Knoblauch und Ingwer schälen und fein würfeln.

2. Zusammen mit den Tomaten, Apfelessig und Zucker (oder statt dieser drei Zutaten 1 l Ketchup) in einen Topf geben und mit dem Stabmixer pürieren. Bei geringer Hitze ohne Deckel 30 Minuten köcheln lassen.

3. Alles durch ein Sieb in einen zweiten Topf streichen. Paprika, Koriander, Chiliflocken, etwas Salz und Pfeffer sowie Red Arrow Sweet Mesquite-Raucharoma zugeben. Bei offenem Topf 45 Minuten lang einkochen.

4. Mit Salz und Honig abschmecken. Wer eine intensivere Rauchnote möchte, kann mit Sweet Mesquite-Raucharoma vorsichtig nachwürzen.

STANDARD RUB

2 EL schwarzer Pfeffer, gemahlen, 8 EL Kräuter der Provence, getrocknet, 8 EL brauner Zucker, 5 EL Paprika edelsüß, 16 EL grobes Meersalz, 2 EL Chiliflocken, 4 EL Knoblauchpulver

ZUBEREITUNG

Alle Zutaten in einer Schüssel gründlich vermischen. Luftdicht verpackt, kühl und dunkel gelagert ist der Rub mehrere Wochen haltbar.

PULLED PORK RUB

2 EL Paprika (scharf), 2 EL Knoblauchgranulat, 1 EL Zwiebelgranulat, 2 EL grobes Meersalz, 2 EL brauner Zucker, 1 EL Chilipulver, 1 EL schwarzer Pfeffer, frisch gemahlen, 1 EL Thymian, 1/2 EL Majoran, 1 EL Oregano

ZUBEREITUNG

Alle Zutaten in einer Schüssel gründlich vermischen. Luftdicht verpackt, kühl und dunkel gelagert ist der Rub mehrere Wochen haltbar.

GYROS-GEWÜRZMISCHUNG

4 TL Oregano, 2 TL Majoran, 2 TL Thymian, 5 TL Paprikapulver, geräuchert, 4 TL Kümmel, 1/2 TL Kreuzkümmel, 2 TL Bohnenkraut, 2 TL Knoblauchpulver, 8 TL Chiliflocken, 3 TL Salz, 2 TL Pfeffer schwarz, 1 TL Rosmarin, 1 TL Zwiebelpulver, 1/2 TL Senfkörner

ZUBEREITUNG

Alle Zutaten in einen Mörser geben, gut zerstoßen und vermischen.

CHILI RUB

1–2 getrocknete, entkernte Chipotle-
Chilis, 2 EL schwarze Pfefferkörner,
1 EL Kümmel, 1 EL Korianderkörner,
1 EL gelbe Senfkörner, 5 EL grobes Salz,
5 EL mildes Chilipulver, 2 EL brauner
Zucker, 1 EL Knoblauchflocken, 1 EL
Zwiebelflocken, 1 TL getrockneter Oregano

ZUBEREITUNG

Chilischoten, Pfefferkörner, Kümmel,
Koriander und Senfkörner in einer Pfanne
ohne Fett 2–4 Minuten rösten, bis die
Gewürze duften. Abkühlen lassen und
in der Mühle oder dem Mörser zu feinem
Pulver mahlen. Mit Salz und Pfeffer
mischen.

CAJUN RUB

5 EL grobes Salz, 5 EL Paprika edelsüß,
1 EL Knoblauchflocken, 1 EL Zwiebelflocken, 1 EL getrockneter Thymian,
1 EL getrockneter Oregano, 1 EL schwarzer
Pfeffer, 2 EL weißer Pfeffer, 1–2 TL
Cayennepfeffer, 1 TL gemahlene
Lorbeerblätter

ZUBEREITUNG

Alle Zutaten in einer Schüssel gründlich
vermischen. Luftdicht verpackt, kühl
und dunkel gelagert ist der Rub mehrere
Wochen haltbar.

MAGIC DUST

4 EL feines Meersalz, 16 EL Paprikapulver
edelsüß, 8 EL brauner Zucker, 4 EL Senf-
pulver, 2 EL Cumin, 2 EL schwarzer Pfeffer,
gemahlen, 6 EL Knoblauchgranulat,
2 EL Cayennepfeffer, 2 EL Ingwer,
gemahlen, 2 EL Koriander, gemahlen,
2 EL Oregano, getrocknet

ZUBEREITUNG

Alle Zutaten in einer Schüssel gründlich
vermischen. Luftdicht verpackt, kühl
und dunkel gelagert ist der Rub mehrere
Wochen haltbar.

MICHAS TIPPS FÜR

Die Grillreinigung

Nach dem Grillen ist vor dem Grillen. Darum wartet nach jedem Grilleinsatz noch die lästige Pflicht: Der Grillrost muss von der widerspenstigen Kruste aus Fleischresten, Fett, Marinaden und Gewürzen befreit und der ganze Grill gereinigt werden. Werden diese Reste nicht entfernt, hinterlassen sie beim nächsten Grillen unerwünschte Spuren am Grillgut, können den Geschmack verfälschen – und unhygienisch ist es auch.

VORSORGE

Vorsorge ist alles: Ölen Sie vor dem Grillen den Rost mit Raps- oder Sonnenblumenöl ein. Dann bleibt das Grillgut nicht so leicht am Grillrost kleben und er lässt sich später leichter reinigen.

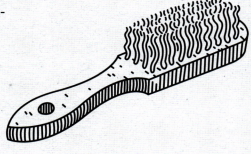

BEAUTY-TIPP!

Sehr effektiv ist es, den Grillrost nach dem Grillen noch einmal kräftig aufzuheizen (350 °C oder höher), damit Verschmutzungen und Fett verbrennen. Die verbrannten Reste lassen sich mit einer Edelstahlbürste meist gut entfernen.

RESTEVERWERTUNG

Wer mit Holzkohle gegrillt hat, kann anschließend auch die Asche zur Reinigung verwenden. Man tunkt einen alten feuchten Lappen in etwas feine Asche aus dem Grill und reibt damit den Grillrost ab. Der Aschebrei schmirgelt die Verkrustungen weg und wirkt dabei wie eine Seife. Anschließend muss man den Rost nur noch mit Wasser abspülen.

ABREIBEN

Sie haben noch Reste von der Alufolie der Grillkartoffel oder der Abdeckung des Grillguts übrig? Knüllt man diese zusammen, lassen sich damit die gröbsten Fleisch- und Fettreste abreiben.

EINWEICHEN

Einfach, kostengünstig und verlässlich: Wickeln Sie den Rost nach dem Abkühlen in Zeitungspapier und befeuchten Sie dieses mit einer Gießkanne. Wer einen Garten hat, legt das Zeitungspaket über Nacht auf den Rasen. Wer »nur« einen Balkon sein Eigen nennt, steckt den umwickelten Rost in einen Müllbeutel und verschließt diesen.

Am nächsten Morgen lassen sich die Verkrustungen mit Wasser, Spülmittel, Edelstahlbürste und einem Schwamm leicht entfernen. Alternativ können Sie den Rost auch mit einem harten, getrockneten Brötchen oder einem Lappen mit Kaffeesatz (wirkt wie Schmirgelpapier) abreiben und reinigen.

ZU GUTER LETZT

Ölen Sie Ihren Grillrost nach der Reinigung mit Raps- oder Sonnenblumenöl ein. So verhindern Sie, dass sich bis zum nächsten Grilleinsatz (Flug-)Rost ansetzt.

Die Rezepte in diesem Buch

RIND

BLUMENKOHL-BOMBE
SEITE 25

PARMESAN-BEEF-RÖLLCHEN / SEITE 27

SURF'N'TURF AM SPIESS
SEITE 27

ENTRECOTE MIT MALZ-BIER-KAFFEE-MARINADE / SEITE 31

BIRNEN-BURGER
SEITE 33

BEEF BRISKET
SEITE 33

CHILI-CHEESE-BALLS
SEITE 35

BURGER CALABRESE
SEITE 37

BACONBOMB
SEITE 39

SCHWEIN

CAPRESE-BURGER
SEITE 41

SPARERIPS NACH DER 3-2-1-METHODE
SEITE 47

IBERICO-KOTELETTS MIT NUSSKRUSTE
SEITE 49

WINZER-HOTDOG
SEITE 51

SCHWEINEFILET MIT ROSMARIN-BALSAMICO-MARINADE / SEITE 53

GEFÜLLTES SCHWEINEFILET MIT PESTO UND SERRANO-SCHINKEN / SEITE 57

GEFÜLLTE SOUFLAKI-SPIESSE / SEITE 59

IBERICO-RÜCKEN MIT BOHNENSALAT
SEITE 61

GEFÜLLTE BRATWURST-SPIESSE / SEITE 61

GEGRILLTE SCHWEINE-ROULADE / SEITE 63

CAIPIRINHA-KOTELETTS
SEITE 63

BURGER BUNS
SEITE 67

THAI-BURGER MIT AVOCADOCREME
SEITE 69

PULLED PORK KLASSISCH
SEITE 71

PULLED PORK AUS DEM OFEN / SEITE 73

LAMM & KALB

KRÄUTER-LAMMLACHSE SEITE 79

GRILLSPIESSE SALTIMBOCCA / SEITE 81

VEAL RIBS / SEITE 83

LAMM-MINZ-SPIESSE MIT KARTOFFELN / SEITE 85

KALBSFILET IM PFEFFERMANTEL / SEITE 87

LAMMRÖLLCHEN MIT MINZJOGHURT / SEITE 89

GEFLÜGEL

BBQ-CHICKEN-DRUMSTICKS / SEITE 95

HÄHNCHEN-ZUCCHINI-SPIESSE / SEITE 97

ENTENBRUST ASIA STYLE / SEITE 99

HÄHNCHEN-PAPAYA-SPIESSE / SEITE 101

DOUBLE-CHICKEN-BLT-BURGER / SEITE 105

BEERCAN BBQ-CHICKEN / SEITE 107

FISCH & MEERESFRÜCHTE

STEINBEISSER AUF BUNTEM MANGO-SALAT / SEITE 113

BBQ-WOLFSBARSCH IN ALUFOLIE / SEITE 115

GAMBAS MIT GEGRILLTER WASSERMELONE & AVOCADOCREME / SEITE 117

FEUERGARNELEN SEITE 117

LACHSFILET AUF DER HAUT GEGRILLT MIT GURKENSALAT / SEITE 119

FRUCHTIGER LACHS MIT ORANGEN-BOHNEN SEITE 121

JAKOBSMUSCHELN IN PARMASCHINKEN SEITE 125

JAKOBSMUSCHEL-ZUCCHINI-SPIESSE SEITE 125

LIMETTENLACHS VON DER ZEDERNHOLZPLANKE / SEITE 127

TERIYAKI-THUNFISCH
MIT WAKAME-ALGEN
SEITE 129

GEMÜSE

GEGRILLTE LAUCH-
ZWIEBELN MIT GORGON-
ZOLA-DIP / SEITE 135

MARINIERTE AUBERGINEN
SEITE 137

DRILLINGE UNTER DER
EIWEISSKRUSTE
SEITE 139

GEGRILLTER FENCHEL MIT
ORANGEN / SEITE 143

RADICCHIO MIT
ZIEGENKÄSE / SEITE 145

GEMÜSESPIESSE MIT
HALLOUMI / SEITE 147

ZUCCHINI-FETA-
PÄCKCHEN / SEITE 149

KARTOFFEL-BACON-
SPIESSE / SEITE 151

BEILAGEN

GEGRILLTER SPARGEL
IM PARMASCHINKEN-
MANTEL / SEITE 155

GRATINIERTE GRILL-
KARTOFFELN / SEITE 157

ROMANASALAT IM
BACONMANTEL
SEITE 159

FÄCHERKARTOFFELN
SEITE 159

GEFÜLLTE RIESEN-
CHAMPIGNONS
SEITE 161

BACON-CHEESE-PAPRIKA
SEITE 161

GEGRILLTE MAISKOLBEN
MIT HONIGBUTTER
SEITE 165

CHILI-SÜSSKARTOFFEL-
POMMES / SEITE 165

CAPRESE VON DER
ZEDERNHOLZPLANKE
SEITE 167

SELLERIE-SLAW
SEITE 169

GEFÜLLTE ZWIEBELN
SEITE 169

GERÄUCHERTES KAR-
TOFFELPÜREE V.D. HOLZ-
PLANKE / SEITE 171

DESSERTS

GORGONZOLA-BIRNEN
MIT WALNÜSSEN
S. 177

208

HALBFLÜSSIGES SCHOKOTÖRTCHEN / SEITE 179

MARZIPAN–BRATAPFEL
SEITE 181

SCHOKO-BANANEN
SEITE 181

GEGRILLTE APFELTASCHEN
SEITE 183

OBST-SPIESSE MIT WARMER SCHOKOLADE
SEITE 185

ERDBEER-TRAMEZZINI
SEITE 189

GEGRILLTES EIS MIT ANANAS / SEITE 191

CAMEMBERT MIT MEDITERRANEN KRÄUTERN
SEITE 193

DIPS, RUBS & CO.

ÖL-WÜRZMARINADE
SEITE 196

ZAZIKI / SEITE 196

PESTO GENOVESE
SEITE 197

CURRY-SAUCE
SEITE 197

ORANGEN-CHILI-BUTTER
SEITE 198

WHISKEY-BUTTER
SEITE 198

MICHAELS TANGY-BBQ-SAUCE / SEITE 198

BBQ-SENF-SAUCE
SEITE 199

WINSCONSIN-BBQ-SAUCE
SEITE 199

COLA-BBQ-SAUCE
SEITE 199

STANDARD RUB
SEITE 200

PULLED PORK RUB
SEITE 200

GYROS-GEWÜRZ-MISCHUNG / SEITE 200

CHILLI RUB / SEITE 201

CAJUN RUB / SEITE 201

MAGIC DUST / SEITE 201

Von A bis Z

A

APFELTASCHEN GEGRILLT 183

B

BACONBOMB 39
BACON-CHEESE-PAPRIKA 161
BBQ-CHICKEN-DRUMSTICKS 95
BBQ-SENF-SAUCE 199
BBQ-WOLFSBARSCH 115
BEEF BRISKET 33
BEERCAN BBQ-CHICKEN 107
BIRNEN-BURGER 33
BLUMENKOHL-BOMBE 25
BURGER BUNS 67
BURGER CALABRESE 37

C

CAIPIRINHA-KOTELETTS 63
CAJUN RUB 201
CAMEMBERT MIT MEDITERANEN KRÄUTERN 193
CAPRESE-BURGER 41
CAPRESE VON DER ZEDERNHOLZPLANKE 167
CHILI-CHEESE-BALLS 35
CHILI RUB 201
CHILI-SÜSSKARTOFFEL-POMMES 165
COLA-BBQ-SAUCE 199
CURRY-SAUCE 197

D

DOUBLE-CHICKEN-BLT-BURGER 105
DRILLINGE UNTER DER EIWEISSKRUSTE 139

E

ENTENBRUST ASIA STYLE 99
ENTRECOTE MIT MALZBIER-KAFFEE-MARINADE 31
ERDBEER-TRAMEZZINI 189

F

FÄCHERKARTOFFELN 159
FEUERGARNELEN 117
FRUCHTIGER LACHS MIT ORANGEN-BOHNEN 121

G

GAMBAS MIT GEGRILLTER WASSERMELONE 117
GEFÜLLTE BRATWURSTSPIESSE 61
GEFÜLLTE RIESENCHAMPIGNONS 161
GEFÜLLTES SCHWEINEFILET MIT ROTEM PESTO UND SERRANOSCHINKEN 57
GEFÜLLTE SOUFLAKI-SPIESSE 59
GEFÜLLTE ZWIEBELN 169
GEGRILLTE LAUCHZWIEBELN MIT GORGONZOLA-DIP 135
GEGRILLTE MAISKOLBEN MIT HONIGBUTTER 165
GEGRILLTE SCHWEINEROULADE 63
GEGRILLTER FENCHEL MIT ORANGEN 143
GEGRILLTER SPARGEL IM PARMASCHINKENMANTEL 155
GEGRILLTES EIS MIT ANANAS 191
GEMÜSESPIESSE MIT HALLOUMI 147
GERÄUCHERTES KARTOFFELPÜREE 171
GORGONZOLA-BIRNEN MIT WALNÜSSEN 177
GRATINIERTE GRILLKARTOFFELN 157
GRILLSPIESSE SALTIMBOCCA 81
GYROS-GEWÜRZMISCHUNG 200

H

HÄHNCHEN-PAPAYA-SPIESSE 101
HÄHNCHEN-ZUCCHINI-SPIESSE 97
HALBFLÜSSIGES SCHOKOTÖRTCHEN 179

I

IBERICO-KOTELETTS MIT NUSSKRUSTE 49
IBERICO-RÜCKEN MIT BOHNENSALAT 61

J

JAKOBSMUSCHELN IN PARMASCHINKEN 125
JAKOBSMUSCHEL-ZUCCHINI-SPIESSE 125

K

KALBSFILET IM PFEFFERMANTEL 87
KARTOFFEL-BACON-SPIESSE 151
KRÄUTER-LAMMLACHSE MIT AUBERGINEN-BOHNEN-SALAT 79

L

LACHSFILET AUF DER HAUT GEGRILLT MIT GURKENSALAT 119
LAMM-MINZ-SPIESSE MIT KARTOFFELN 85
LAMMRÖLLCHEN MIT MINZJOGHURT 89
LIMETTENLACHS VON DER ZEDERNHOLZPLANKE 127

M

MAGIC DUST 201
MARINERTE AUBERGINEN 137
MARZIPAN-BRATAPFEL 181
MICHAELS TANGY-BBQ-SAUCE 198

O

OBST-SPIESSE MIT WARMER SCHOKOLADE 185
ÖL-WÜRZ-MARINADE 196
ORANGEN-CHILI-BUTTER 198

P

PARMESAN-BEEF-RÖLLCHEN 27
PESTO GENOVESE 197
PULLED PORK KLASSISCH 71
PULLED PORK AUS DEM OFEN 73
PULLED PORK RUB 200

R

RADICCHIO MIT ZIEGENKÄSE 145
ROMANASALAT IM BACONMANTEL 159

S

SCHOKO-BANANEN 181
SCHWEINEFILET MIT ROSMARIN-BALSAMICO-MARINADE 53
SELLERIE-SLAW 169
SPARERIBS NACH DER 3-2-1-METHODE 47
STANDARD RUB 200
STEINBEISSER AUF BUNTEM MANGO-SALAT 113
SURF'N'TURF AM SPIESS 27

T

TERIYAKI-THUNFISCH MIT WAKAME-ALGEN 129
THAI-BURGER MIT AVOCADOCREME 69

V

VEAL RIBS 83

W

WHISKEY-BUTTER 198
WINZER-HOTDOG 51
WISCONSIN-BBQ-SAUCE 199

Z

ZAZIKI 196
ZUCCHINI-FETA-PÄCKCHEN 149

DANK

Ein großer Dank an Markus Bassler, der mich zu der gemeinsamen Produktion dieses Grillbuchs ermuntert hat. Und der erst mit seiner Fotografie aus meinen Grillgerichten echte Kunstwerke gemacht hat.

Oliver Hick-Schulz und Michael Gottscheck danke ich für ihre Kreativität beim Layout, ihre Ausdauer und den bis zur letzten Minute anhaltenden Wunsch, unser gemeinsames Buch immer noch ein bisschen besser zu machen.

Gergő Gilicze für seine brillanten Illustrationen.

Gemeinsam bedanken wir uns beim Piper Verlag, insbesondere Anne Stadler, Catharina Wirsching und Janine Erdmann, die uns von der Vorstellung unseres Projekts über die ganze Phase der Produktion bis zum Druck mit ihrer Erfahrung und ihren Anregungen unterstützt haben.

ÜBER DIE AUTOREN

Michael Quandt produzierte und kochte sechs Jahre lang für BILD am SONNTAG und bild.de über 350 Folgen der Serie »Klassiker der Küche«. 2011 belegte er bei der Grill- und BBQ-Weltmeisterschaft in der Königsdisziplin »Pulled Pork - Schweineschulter« den sechsten Platz, 2012 wurde er deutscher Vize-Meister bei der Grill- und BBQ-DM in der Königsdisziplin »Beef Brisket - Rinderbrust«.

Markus Bassler ist einer der renommiertesten deutschen Food-Fotografen. Er ist in den Sterneküchen in aller Welt ebenso zu Hause wie in den Streetkitchens. Er fotografierte u. a. für Bücher wie »Italiens Weinwelten«, »Verführerisches Zypern« und »Kulinarischer Kalender«. 2015 wurde er mit dem ITB-BuchAward und dem internationalen Gourmand World Cookbook Award ausgezeichnet. Mit »Du grillst es doch auch!« gewann das Team auch 2016 diesen begehrten Kochbuchpreis.

IMPRESSUM

ISBN 978-3-492-05765-3
© Piper Verlag GmbH, München/Berlin 2016

Gesetzt aus der
Adele, DIN Condensed, Freeland

Konzeption & Gestaltung:
Michael Gottscheck, Oliver Hick-Schulz

Umschlagabbildungen:
Markus Bassler, Oliver Hick-Schulz

Illustrationen:
Gergő Gilicze

Druck und Bindung:
mohn Media, Gütersloh

Printed in Germany